はじめての理科

八嶋真理子・辻 健 編著

東洋館出版社

はじめに

　理科の授業をするために、何よりも一番大切なことは何でしょうか。もちろん科学の知識を正しく教えることや、安全に実験ができることは大切なことですが、私は、まずは子どもの話を聞くことだと答えます。子どもが普段、何気なく見ている自然について改めて問いかけ、話を聞くのです。私がそう思うようになったのは、ある子どもたちとの出会いからでした。

　私が、はじめて4年生の担任をしたときのことです。理科の授業で月の形が変化することを学習していたときのことです。子どもに月の形を問うと、「満月」「半月」「三日月」などと答えました。黒板に絵を描き、「お月様は、どのような順番で形が変わるのかな」とたずねました。すると「お月様は、その日によって出る月が違うよ」「三日月が出ることもあるし、満月のこともあるよ」「お月様は、いろいろあるよ」と言います。そこで、私は少し言葉に詰まり、「つまり、満月のお月様と三日月のお月様が、別々にあるということなの？」と子どもたちに聞きました。「そうだよ」「満月のお月様と半月のお月様、三日月のお月様とか、いろいろな形のお月様があるんだよ」

　このあたりまで来たときに、私は、子どもたちが月は1つではなく、たくさんあると思っていることに気が付きました。彼らにとっていろいろな形の月が、別々にあるのです。最初は私をからかっているのかと思いましたが、本気で語る子どもたちの顔を見て、口があんぐりと開いてしまいました。若き日の私は、その日の理科の授業を、そこで終わりにしてしまいました。なるほど、私にとって当たり前のことも、子どもは違うとらえ方をしている場合があるのだということを、子どもたちに教えられたのです。この日のことは、今でも忘れられません。

「その日によっていろいろな月が見える」と予想して観察した月は、三日月の次に満月が来ることも、半月が来ることもなく、毎日少しずつ太って満月になり、また、毎日少しずつやせていきました。観察していると、光っていないところにも丸い形があることに気付きました。子どもたちは「月は1つだ！」ということや、形の変化に規則性があることに気が付きました。

はじめに

　頭ごなしに、子どもに知識を与えようとしても、本当に身に付く知識にはならなかったでしょう。いろいろな月があると思っていた10歳の子どもたちが、月と向き合って観察することで、月の形の変化の規則性や月を見ることの面白さを、自分のものにしていったのです。

　この本を手に取っていただいた皆さんには、子どもと一緒に、驚いたり、喜んだりしながら、子どもが自然の面白さを見つけるお手伝いをしていただきたいです。知識を押し付けるのではなく、子どもの言葉に耳を傾け、子どもの考えに寄り添って、一緒に考えていただきたいのです。子どもが、自分の問題をもって追究するその先で得られた結論は、必ず、子どもの生きた知識となるでしょう。

　本書の執筆に当たった先生方は、子どもの考えに寄り添って素晴らしい授業をつくってこられた方々です。どの方も、子どもの考えに耳を傾け、その面白さに心をわくわくさせながら、子どもたちと日々、理科授業を楽しんでいます。どのページにも、楽しい理科授業をつくるヒントが溢れていることでしょう。

　小学校理科では、理科の専門知識があることよりも、子どもの考えに耳を傾けながら授業をつくることの方が、子どもにとってどんなにか幸せなことかと思います。皆さんが理科の授業に自信をもって取り組むことができるように、また、皆さんと教室の子どもたちが、楽しい理科の世界をつくることができるように、本書が一助となることを願っています。

　　　　　　　　　　　　　　　　　　　　　　　　　　八嶋真理子

Contents

はじめに 2

第1章 理科の教科特性

1 理科ってどんな教科？ 8

2 理科で身に付けたい「問題解決」の力 10

3 理科の見方・考え方って何？ 12

4 3年生の理科のポイントは？ 14

5 4年生の理科のポイントは？ 16

6 5年生の理科のポイントは？ 18

7 6年生の理科のポイントは？ 20

8 エネルギー領域の学びで大切にしたいこと 22

9 粒子領域の学びで大切にしたいこと 24

10 生命領域の学びで大切にしたいこと 26

11 地球領域の学びで大切にしたいこと 28

Column 担任理科と専科理科、教科担任制、それぞれのよさは？ 30

第2章 理科の授業準備

1 目指したい授業を思い描こう 32

2 教科書を読み解こう 34

3 教材研究はどう行えばいい？ 36

4 単元全体の流れを考えよう−単元計画の作成− 38

5 1時間の流れを考えよう−本時案の作成− 40

6 準備と予備実験をしよう 42

7 発展編：教材研究を深めていこう 44

Column 観察・実験の充実のために理科支援員を活用しよう 46

第3章 理科の授業づくり

1 授業をシミュレートしてみると 48

2 問題解決の流れをつくろう 50

3	「自然事象に対する気付き」がもてる導入とは?	52
4	「問題の見いだし」をするための工夫とは?	54
5	「予想や仮説の発想」では根拠を明確に	56
6	問題、予想や仮説を踏まえて「解決の方法の発想」をしよう	58
7	「観察・実験」中の子どもの思考に注目しよう	60
8	「結果の整理」では結果と考察を混同していないか注意!	62
9	「考察」は予想に立ち返りながら	64
10	問題に正対した「結論の導出」を	66
11	「振り返り」では再び自然事象に当てはめて	68

Column　子ども自身が学び方を振り返る場面をつくろう　70

第4章　理科の指導技術

1	安全な観察・実験のために必要なこと	72
2	ノートやワークシートは思考の軌跡を残すもの	74
3	板書で問題解決の流れを見せよう	76
4	机間指導で子ども一人一人を支援しよう	78
5	個々の考えを尊重して話し合いを図ろう	80
6	ICT活用で学びの可能性を広げよう	82

Column　理科の「個別最適な学び」って何?　84

第5章　理科の学習評価

1	学習評価は何のために行うの?	86
2	「評価規準」って何?	88
3	「指導に生かす評価」と「記録に残す評価」はどう違う?	90
4	「知識・技能」で評価したい子どもの姿とは?	92
5	「思考・判断・表現」で評価したい子どもの姿とは?	94
6	「主体的に学習に取り組む態度」で評価したい子どもの姿とは?	96
7	子どもの記述や行動をどう見取ればいい?	98

Column　「自然を愛する心情」をどう評価する?　100

第 6 章　理科の校外学習

1　野外観察で心がけたいこと ………………………………………………… 102

2　野外で事故が起きてしまったらどうする? ……………………………… 104

3　家庭での観察で気を付けたいこと ……………………………………… 106

4　科学館や博物館などと連携しよう ……………………………………… 108

5　授業の学びを家庭学習につなげよう …………………………………… 110

Column　自由研究はどう指導すればいい? ………………………………… 112

第 7 章　Q&A

Q1　子どもに難しいことを聞かれたらどうする? ………………………… 114

Q2　子どもが自分で問題を見いだせるようにするには? ………………… 115

Q3　教科書どおりに実験しないといけない? ……………………………… 116

Q4　キット教材を使うと、学びが深まらないこともある? ……………… 117

Q5　グループ実験で、見ているだけの子どもが出ないようにするには? … 118

Q6　結果と結論が同じになってもいいの? ………………………………… 119

Q7　生物教材がない、育たない……どうする? …………………………… 120

Q8　天気や月、星などの授業日が都合よく晴れない……どうする? …… 121

Q9　塩酸などの薬品の準備と処理はどうしたらいい? …………………… 122

Q10　障害や発達に課題のある子どもと一緒に観察・実験をするには? … 123

おわりに ……………………………………………………………………………… 124

第 1 章

理科の教科特性

1 理科ってどんな教科?

1 理科は自然の面白さに気付くことができる教科
2 「理科」と「科学」には少し違いがある
3 育成を目指す資質・能力は3つの柱で整理
4 「問題を科学的に解決する」ことが理科の特徴

1 理科は自然の面白さと向き合う教科

　子どもから「理科ってどんな教科ですか?」と聞かれたら、あなたはどう答えますか。私は、「普段、何気なく通り過ぎているあなたの身の回りの自然が、実はすごく面白いということに気付くことができる教科ですよ」と答えたいです。空や海、山や川、草木や花、さまざまな生き物など、私たちを取り巻く自然は、目を留めて向き合ってみると、どれもがわくわくするほど面白いものです。そのことに気付かずに、楽しむこともなく通り過ぎていくのは、何とももったいないことかと思います。

　また、雨が降れば、川の水かさが増えることや、透明で水のように見えても薬品が溶けている水溶液という液体があることなど、それらを知ることで自分の命を守ることにもつながるでしょう。どの教科も同じですが、理科も人々の生きる営みを豊かにしてくれる大切な教科です。

2 理科と科学の間には

　日本で「理科」という教科が誕生したのは、明治19（1886）年のことです。「理科」は英語で「サイエンス」と表しますが、「サイエンス」つまり「科学」と「理科」の間には、少しだけ違いがあります。明治24（1891）年に小学校教則大綱が制定され、理科の要旨が次のように示されました。

「理科ハ通常ノ天然物及現象ノ観察ヲ精密ニシ其相互及人生ニ対スル関係ノ大要ヲ理会セシメ兼ネテ天然物ヲ愛スルノ心ヲ養フヲ以テ要旨トス」

ここには、理科は身近な自然の事物・現象（以下、「自然事象」）をしっかりと観察して、自分との関係をよく理解して会得する教科であることと、自然を愛する心を養うことを大切にする教科であることが書かれています。「自然を愛する心」は、諸外国の「科学」にはなじまない考えですが、さまざまな自然の恩恵と災害に向き合ってきたこの国の人々には、大切なことだったのでしょう。

3　育成を目指す資質・能力

　小学校学習指導要領（平成29年告示）（以下、「学習指導要領」）では、育成を目指す資質・能力を「知識及び技能」「思考力、判断力、表現力等」「学びに向かう力、人間性等」の3つの柱で整理しました。理科でも、3つの柱に沿った目標が、以下のように示されています。

(1) 自然の事物・現象についての理解を図り、観察、実験などに関する基本的な技能を身に付けるようにする。
(2) 観察、実験などを行い、問題解決の力を養う。
(3) 自然を愛する心情や主体的に問題解決しようとする態度を養う。

　これを見ると、130年以上前から変わらず、「自然を愛する心情」を養うことが大切な目標とされていることがわかります。さらに、観察、実験を行い、問題を科学的に解決する力を身に付けることが重視されています。

4　問題を科学的に解決する

「問題を科学的に解決する」ことは、理科という教科の大きな特徴です。では、科学的に解決するとは、どういうことでしょうか。それは、問題を解決するとき、実証性、再現性、客観性などといった条件が満足するかをいつも検討しながら進めましょうということです。実証性は、考えた仮説が観察や実験などによって検証できるということです。再現性は、仮説を観察や実験などを通して検証するとき、誰がいつどこでやっても、何回やっても同じ結果が得られるということです。客観性は、実証性や再現性という条件が満足することで、多くの人々によって承認され、公認されるということです。これらの条件を満たすものを、理科では「科学的」としています。理科は、自分の予想や仮説を観察や実験を行って、科学的に検証する教科なのです。

　理科では、子どもが自然事象や自分の考えと向き合い、科学的な検証を行う中で、豊かな自然観をつくっていくことを目指しています。

第1章
理科の教科特性

2 理科で身に付けたい「問題解決」の力

1 問題に出会ったら、その解決に向けた道筋を一歩ずつ進もう
2 問題解決の過程は子ども主体
3 問題解決の力（思考力、判断力、表現力等）は「考え方」との関連が深い

1 問題に出会ったらどうする?

　私たちは、生きているといろいろな問題に出会います。人生を揺るがす大きな問題から、日常的な問題までさまざまです。「困った。どうしよう」と立ち止まっていては、解決はできません。問題を解決する方法を一つでももっていると、先に進むことができます。例えば、「私の今の問題は何だろう」と問題を明確にしてみる。問題が明確になったら、解決の方法を考えてみる。解決への見通しを1、2、3…と立てられたら、順番に試していけばよいでしょう。解決のゴールに一歩一歩近付いていくはずです。理科では、子どもが問題に出会ったとき、その問題を解決する一連の道筋として、問題解決の過程があります。

2 問題解決の過程

　小学校理科では、子どもが自然事象に親しむ中で①興味・関心をもち、そこから②問題を見いだし、③予想や仮説をもとに、④観察・実験などを行い、⑤結果を整理し、⑥その結果をもとに結論を導きだすといった学習活動の流れを、問題解決の過程としています。これは、教師がこの段取りで授業を行い、子どもに理科を教え込むというものではありません。子どもが科学的に問題を解決していくために、子ども自身の思考や活動の流れを表したものです。

　3年生から始まる理科学習の中で、問題解決の過程を繰り返し経験することで、理科を超えたさまざまな問題を解決するための汎用的な道具の一つとして身に付けていけるとよいでしょう。

3 問題解決の力

　問題解決の力は、理科学習を通して育成する資質・能力の3つの柱のうち、「思考力、判断力、表現力等」に当たります。この力は、子どもが働かせる「見方・考え方」と強いつながりがあります。

各学年で育成を目指す問題解決の力（思考力、判断力、表現力等）

学年	エネルギー	粒子	生命	地球
第3学年	（比較しながら調べる活動を通して） 自然の事物・現象について追究する中で、差異点や共通点を基に、問題を見いだし、表現すること。			
第4学年	（関係付けて調べる活動を通して） 自然の事物・現象について追究する中で、既習の内容や生活経験を基に、根拠のある予想や仮説を発想し、表現すること。			
第5学年	（条件を制御しながら調べる活動を通して） 自然の事物・現象について追究する中で、予想や仮説を基に、解決の方法を発想し、表現すること。			
第6学年	（多面的に調べる活動を通して） 自然の事物・現象について追究する中で、より妥当な考えをつくりだし、表現すること。			

「小学校学習指導要領（平成29年告示）解説　理科編」P.26　図3を引用・改変

　上の図のように、問題解決の力は、各学年で主に働かせる「考え方」を用いながら調べる活動を通して育成されます。

　第3学年を見てみましょう。「（比較しながら調べる活動を通して）」とあります。この（　）の部分が各学年で主に働かせる「考え方」を示しています。その下の「自然の事物・現象について追究する中で、差異点や共通点を基に、問題を見いだし、表現すること」の部分が、第3学年で育成を目指す問題解決の力です。「差異点や共通点」を見いだすためには、「比較して調べる」という「考え方」を働かせることが大切だということです。小学校学習指導要領（平成29年告示）解説理科編（以下、「学習指導要領解説」）では「考え方」と「問題解決の力」をセットにして紹介しています。

　第3学年から第6学年までの問題解決の力を順に見ていくと、「問題を見いだす」「根拠のある予想や仮説を発想する」「解決の方法を発想する」「より妥当な考えをつくりだす」と、問題解決の過程に沿っていることがわかります。4年間をかけて培う力なので、学年を限定しすぎず、繰り返し柔軟に育てていくことが大切です。

3 理科の見方・考え方って何?

1 理科の特質に応じた「物事を捉える視点や考え方」
2 見方・考え方を働かせるためには教師の支援が必要
3 理科の見方は、領域ごとの特徴的な視点
4 理科の考え方は、学年ごとに重視する考え方

1 「物事を捉える視点や考え方」

「見方・考え方」は、問題解決の過程において子どもが働かせる「物事を捉える視点や考え方」です。学習指導要領において、各教科等の特質に応じて整理されました。「見方・考え方」を働かせた学びによって、「資質・能力」が育まれ、また、育まれた「資質・能力」によって「見方・考え方」が豊かになっていくと考えられます。理科の「見方・考え方」は、理科の特質に応じたもので、各領域や問題解決の過程を配慮して整理しています。

2 見方・考え方を働かせるために

「理科の見方・考え方を働かせる」といいますが、「働かせる」とはどういうことでしょうか。「働かせる」のは、あくまで子どもで、教師が押し付けるものではありませんが、子どもが働かせるまで待っていればいいということではありません。例えば、第3学年の「生命」を柱とする領域では、「共通性・多様性」という見方と、「比較する」という考え方を働かせたいと考えます。そのとき教師は、ワークシートや板書、観察方法を工夫したり、子どもの様子を見て「比べるとよくわかるね」と積極的に価値付けて評価したりすることが必要です。子どもが「見方・考え方を働かせる」ためには、子ども理解に基づいた具体的な支援を工夫することが大切です。

3 理科の見方（領域ごとの特徴的な視点）

内容領域	見方	その他の見方
エネルギー	量的・関係的な視点	・原因と結果 ・部分と全体 ・定性と定量 などの視点
粒子	質的・実体的な視点	
生命	共通性・多様性の視点	
地球	時間的・空間的な視点	

「見方」は、自然事象を捉える理科ならではの視点です。「エネルギー」「粒子」「生命」「地球」という領域ごとの特徴的な視点を整理しています。

「エネルギー」の領域では、主として「量的・関係的な視点」を働かせます。例えば、第3学年「風とゴムの力の働き」の学習で、ゴムをたくさん引けば、車は遠くまで進むと漠然と捉えていたものが、ゴムを引く長さを5cm、10cm、15cm…と変えて調べると、車の進む距離も〇cm、〇〇cm…と増えていくことを数値として実感を伴って理解できます。「量的・関係的な視点」で自然事象を見ると、その面白さがはっきりと見えてくるのです。これは、「粒子」や「生命」「地球」でも同じで、「見方」は、その領域の面白さを見つけるための眼鏡のようなものです。

4 理科の考え方（学年ごとに重視する考え方）

学年	考え方
第3学年	「比較する」　比較しながら調べる活動を通して
第4学年	「関係付ける」　関係付けて調べる活動を通して
第5学年	「条件を制御する」　条件を制御しながら調べる活動を通して
第6学年	「多面的に考える」　多面的に調べる活動を通して

「考え方」は、問題解決の過程で、どのような考え方で思考したらよいのかを整理したものです。前節でも述べたように、問題解決の力（思考力、判断力、表現力等）を育むための強力な味方といえます。

例えば、第3学年「身の回りの生き物」の学習では、トンボとモンシロチョウの体のつくりを比較して調べる活動から、差異点や共通点が明らかになり、解決したい問題が見えてきます。

ただし、考え方は「5年生だから条件制御」というように固定的に考える必要はありません。必要に応じて繰り返し働かせていくことが望ましいです。

4 3年生の理科のポイントは?

1 生活科とのつながりや、子どものわくわく感を大切に
2 生活科の学習過程に問題解決の過程を重ねる
3 3年生では「問題を見いだす」力や「比較する」考え方を重視

1 生活科と理科をつなぐ

　3年生にとって、新しく始まる理科は楽しみの一つです。1・2年生の生活科で、具体的な活動や体験を通して、子どもたちは身近な自然と関わってきました。身近な動物や植物を自分で飼育したり栽培したり、あるいは四季折々の遊びを通して、自然の変化をとらえたりしてきました。はじめて理科の教科書を手にしたら、「虫とりに行ける」「磁石遊びができる」とわくわくするでしょう。そんな子どものわくわく感を大切にしたいのが3年生の理科です。
　「身の回りの生き物」で生き物と触れ合ったり、「磁石の性質」で磁石遊びをしたり、「風やゴムの力」で車を走らせたりと、具体的な活動を通した気付きを大切にして、ゆっくりと理科の世界に入っていきましょう。

2 生活科の学習過程と問題解決の過程

　小学校学習指導要領（平成29年告示）解説生活編には、「生活科の学習過程」が紹介されています。①思いや願いをもつ、②活動や体験をする、③感じる・考える、④表現する・行為する（伝え合う・振り返る）、この4つの学習過程は固定するものではなく、低学年らしい思考や活動を柔軟に保障するもので、気付きの質を高めていくための目安となります。
　理科の問題解決の過程は、子どもが自然事象に親しむ中で①興味・関心をもち、②問題を見いだし、③予想や仮説をもとに、④観察・実験などを行い、⑤結果を整理し、⑥その結果をもとに結論を導きだすといった学習活動の流れで

す。両者の具体的な活動には近いものがあるので、理科らしい配慮をどのように加えていくかという点を考えていくとよいでしょう。

　理科で事物・現象に興味・関心をもって自分なりに問題を見いだし、「きっとこうだよ」と予想することは、生活科の「①思いや願いをもつ」ことを理科らしく整理したものととらえることができます。観察や実験を行い、結果を整理することは、「②活動や体験をする」「③感じる・考える」ことに、結果をもとに結論を導きだすことは、「④表現する・行為する（伝え合う・振り返る）」ことに、子どもの感覚としては重なるところがあるでしょう。3年生の学習では、「思いや願いをもつ」に当たる部分を特に大切にしていきましょう。

3　3年生で育成する問題解決の力と考え方

　3年生で育成を目指す問題解決の力（思考力、判断力、表現力等）は、「自然の事物・現象について追究する中で、差異点や共通点を基に、問題を見いだし、表現すること」です。「差異点や共通点を基に、問題を見いだ」す力を育成するためには、「比較する」という考え方が有効に働きます。

　例えば、バッタとトンボの体のつくりを比べてみたとき、「同じところもあるけど違うところもあるよ。同じところはどこで、違うところはどこなのかな」という問題を見いだす子どもは多いでしょう。磁石遊びをして、空き缶を比べた子どもが、磁石に付くものと付かないものがあることに気付き、「どんなものが磁石に付くのかな」と問題を見いだすこともあります。子どもは、「比べてみると問題が見つかる」ことを体験的に学んでいくでしょう。

　このように、「比較する」という考え方を働かせることで、「問題を見いだす」という問題解決の力を育てることになります。これは、問題解決の過程の大切なスタートを切ることです。子どもは、自ら見いだした問題には、意欲をもって積極的に取り組むので、解決への見通しをもって予想や仮説を立てていくことにつながります。理科では、子どもが「問題を見いだす」ことは、「主体的な学び」をつくるための重要な鍵となるのです。

「比較する」という考え方は、「問題を見いだす」ためだけでなく、問題解決の過程のさまざまな場面で有効に働く道具です。例えば、観察・実験の中で比べながら見ていくことや、考察するときにその結果を比較して考えることは、問題を解決するためには欠かせません。「比較」を問題解決のさまざまな場面で働かせることで、子どもの資質・能力を育てていきましょう。

5 4年生の理科のポイントは？

1 器具を安全に正しく使って理科室デビュー
2 問題解決の過程を意識して、学習の見通しをもつ
3 4年生では「根拠のある予想や仮説を発想する」力や「関係付ける」考え方を重視

1 4年生の理科は、理科室はじめ

　4年生の理科では、理科室を使用する内容が出てきます。理科室は、子どもにとって高学年が使うところという印象があるようです。誇らしい気持ちやわくわく感をもつのではないでしょうか。理科室は、ガラスの棚や実験器具など、壊れやすいものがたくさんあり、気を付けて行動しないと危険を伴うところです。実際に器具を手に取らせながら、理科室の使い方や安全への配慮を丁寧に伝えていきましょう。4年生で、器具の出し方や扱い方、片付け方をしっかりと学習しておくことは、その後の観察や実験を行うときの技能の基盤となります。

2 問題解決の過程への意識化

　4年生は、理科学習の中で問題解決の過程を意識して使うようになる学年です。3年生で自ら問題を見いだす学習を行ってきた子どもは、予想を立てたり、観察や実験を行って確かめたり、結果を整理して自分たちなりに答えを導きだしたりという理科の学習を経験してきました。4年生では、問題をどのように解決するのか、子どもなりに見通しがもてるようにしていきます。

　子どもが自然事象に親しむ中で①興味・関心をもち、②問題を見いだし、③予想や仮説をもとに、④観察・実験などを行い、⑤結果を整理し、⑥その結果をもとに結論を導きだすといった問題解決の流れを、子どもたちに寄り添いながら、私たち教師も大切にしていきましょう。

3 4年生で育成する問題解決の力と考え方

4年生で育成する問題解決の力（思考力、判断力、表現力等）は、「自然の事物・現象について追究する中で、既習の内容や生活経験を基に、根拠のある予想や仮説を発想し、表現すること」です。「既習の内容や生活経験を基に、根拠のある予想や仮説を発想」する力を育成する際には、「関係付ける」という考え方を働かせることが有効です。

「金属、水、空気と温度」では、水の状態変化を温度と関係付けて調べます。例えば、日常生活の中で、やかんでお湯を沸かしていたら、お湯が蒸発してなくなったとか、冬の寒い日に池やバケツの水が凍っていたという生活経験は、「水は、温度によって姿を変えるに違いない」という、根拠のある予想や仮説を発想することにつながります。

「天気の様子」では、天気と気温の変化に着目して、それらを関係付けて一日の気温の変化を調べます。晴れている日は、昼間は暑くなるけれど、雨の日は、そんなに暑くならないという生活経験から、「天気の違いによって、一日の気温の変化の仕方は違うはずだ」「晴れの日は、太陽があるから朝から昼にかけて気温が上がり、その後、夜にかけて下がるだろう」という根拠のある予想や仮説を発想することができます。

そこで、子どもがどのように既習の内容や生活経験を関係付けていくとよいのかを、教師も考えておく必要があります。実は、学習指導要領の第4学年の内容を見ると、何と関係付けて調べるのかが示されているのです。例えば、「金属、水、空気と温度」では、次のような記載があります。

金属、水及び空気の性質について、体積や状態の変化、熱の伝わり方に着目して、それらと温度の変化とを関係付けて調べる活動を通して、次の事項を身に付けることができるように指導する。

つまり、水の状態変化について、日常生活の中での「温度の変化」と関係付けて考えられるような言葉かけや場の設定を準備しておくとよいということです。

4年生で育成する問題解決の力である「既習の内容や生活経験を基に、根拠のある予想や仮説を発想する力」は、「関係付ける」という道具を使うことで育っていきます。子どもの自由でのびのびとした発想に、教師は耳を傾け、子どもと一緒に楽しみながら、予想や仮説を立てていきましょう。

6 5年生の理科のポイントは?

1 単元配列や季節を考慮し、時期を逃さないように
2 5年生では「予想や仮説を基に、解決の方法を発想する」力を重視
3 「条件制御」の考え方が強い味方

1 5年生の理科は、単元配列と季節に配慮

　5年生の理科には、この時期を逃すとアウト！という内容があります。種子が発芽しやすい時期、メダカが卵を産む時期、移動性高気圧が日本を通過しやすい時期、台風が発生する時期など。もちろん他の学年の理科でも、季節を配慮しなければ、学習が成立しない単元があるのですが、特に5年生は春から初夏にかけて、学習時期が重なることがしばしば起こるので配慮が必要です。並行して行うことなども含めて、ゆとりをもって考えておくとよいでしょう。

2 5年生で育成する問題解決の力

　5年生で育成する問題解決の力（思考力、判断力、表現力等）は、「自然の事物・現象について追究する中で、予想や仮説を基に、解決の方法を発想し、表現すること」です。問題解決の過程では、3年生で「問題を見いだす力」、4年生で「根拠のある予想や仮説を発想する力」を育成してきた子どもたちが、いよいよ、どのような観察・実験を行えば自分たちの予想や仮説を検証できるか、解決の方法を考えていくところに来たということになります。
　「予想や仮説を基に、解決の方法を発想」することは、子どもにとって、それほど難しいことではありません。既習の内容や生活経験をもとに自ら予想や仮説を立てた子どもは、「育てて様子を見れば、確かめられる」とか「〇〇を使って、実際にやってみればわかる」というような、大まかな検証方法のイメージをもっている場合が多いものです。まずは、子どもの発想を出し合って、皆

で検討してみることです。

　そこで大切にしたいことは、5年生で扱う学習内容には、複数の要因を検討しなければならないものがいくつかあるということです。例えば、子どもが「種の発芽に必要なものは何だろうか」という問題を見いだして、予想を出し合うとしましょう。子どもは、生活科での経験や、3・4年生で植物を育てた経験から、水や日光、土、空気、適温などを挙げることが多いです。検討すべき要因が複数あるとき、どのように調べればよいでしょうか。

　検討すべき要因が複数ある内容として、「振り子」も代表的なものです。「振り子の1往復する時間は、何に関係するのだろうか」という問題を見いだした子どもは、ブランコに乗った経験などをもとに、「振れ幅だよ」とか「重さだよ」、あるいは「振り子の長さだよ」などと予想します。ここでも要因が複数あります。このように、ある事象について要因が複数考えられるとき、どのように調べていくのかを扱うのが5年生の理科なのです。いよいよ「条件制御」という考え方の出番です。

3　主に働かせる考え方は「条件制御」

　検討すべき要因がいくつもあると、どうしたらよいのか困ってしまいます。そんなときに、強い味方となってくれるのが「条件制御」という考え方です。「予想や仮説を基に、解決の方法を発想」する力を育成する際には、「条件を制御する」ことが大切です。関係する要因の中で、まず子どもが何に目を向けるかを決めることから始まります。例えば「発芽は、水が関係する」という予想を検証するならば、水以外の温度や日光などの条件は同じにして揃えると、予想を検証できます。次に「発芽には、温度が関係する」という予想を検証するときは、温度以外の条件は同じにして揃えます。このように一つ一つの要因について、検討したい要因以外の条件を揃えながら丁寧に調べていくと、予想を検証することができます。

　条件をうまく制御できないと実験の結果が曖昧になってしまうので、教師が適切に支援する必要があります。5年生の早い時期に「種の発芽」や「振り子」などの学習で、「条件制御」という考え方の働かせ方を丁寧に学習するとよいです。子どもと一緒に、観察や実験の方法を考える学習にしっかり取り組んでおきましょう。そうすることで、子どもは、この後の学習でも「条件制御」の考え方を使いこなせるようになります。

7 6年生の理科のポイントは？

1 自然環境とのつながりを意識して、「生物と環境」の学習につなげる
2 6年生では「より妥当な考えをつくりだす」力を重視
3 「多面的に考える」という考え方が大切

1 6年生の理科は、「生物と環境」につながる

　6年生の理科では、「発電」「燃焼」「水溶液」「光合成」「土地のつくり」などの事象について学習します。それらはどれも、私たち生き物が暮らす大切な地球環境につながる内容です。そして、6年生の学習内容には「生物と環境」があります。私たちが使った水は、やがて雲となり、雨となって川や海に戻ります。空気もエネルギーも、地球の循環系の中にあって、私たちは、その環境と関わって生きていることを学習します。6年生の学習は、自然環境とのつながりを意識していきたいです。

2 6年生で育成する問題解決の力

　6年生で育成する問題解決の力（思考力、判断力、表現力等）は、「自然の事物・現象について追究する中で、より妥当な考えをつくりだし、表現すること」です。「より妥当な考え」ですから、「正しい答えを出しなさい」と言っているわけではありません。ご存じのとおり、科学の常識は絶えず新しい発見によって覆されてきた歴史があります。例えば、今から400年近く前のこと、天文学者ガリレオ・ガリレイは、天体観測を行って、コペルニクスの地動説を実証しましたが、宗教裁判で有罪になってしまいました。その頃の人々は、天空が動く天動説を信じていました。でも今は、皆が「それでも地球は動く」と考えています。すなわち、理科で求めるのは、今現在導きだせるベストな考えである「より妥当な考え」なのです。

「より妥当な考え」を見いだすためには、1つの事実だけではなく、いろいろな方向から見ていくことが必要です。目の前にある1つのリンゴを「真っ赤でおいしそうなリンゴです」と言ったとしても、それは妥当でしょうか。後ろから見たら「まだ青いリンゴ」であり、右から見たら「虫食いがあるリンゴ」であり、左から見れば「腐ったリンゴ」かもしれません。さらに上から、下から見たらどうでしょうか。

「より妥当な考え」を見いだすためには、さまざまな視点や、さまざまな方法、さまざまな人の考えをしっかりと多面的に見ていく必要があります。そのために働かせるのが「多面的に考える」という考え方です。

3 主に働かせる考え方は「多面的に考える」

「多面的に考える」とは、自然事象をさまざまな方向から考えることです。問題解決を行うとき、解決したい問題について、互いの予想や仮説を尊重しながら追究したり、いくつかの観察・実験の結果をもとに予想や仮説、観察や実験などの方法を振り返り、再検討したり、複数の結果をもとに考察したりと、さまざまな「多面的に考える」場面があります。「妥当な考えをつくりだす」ことは、自分の考えだけが絶対なのではない、1つの結果がすべてではないという謙虚な姿勢をもつことにもつながります。

　では、いくつかの単元での「多面的に考える」場面を見ていきましょう。
「燃焼の仕組み」では、植物体が燃える前と燃えた後で空気の性質や植物体がどのように変化するかを多面的に調べます。目に見えない空気の変化なので、これまでの学習や生活経験をもとに、互いの予想や仮説を尊重し合うことが大切です。集気びんの中の空気の流れを調べたり、石灰水の変化や気体検知管の数値などを用いて複数の方向から考えたりすることで、空気の変化についてより妥当な考えをつくりだしていきます。

「水溶液の性質」では、目の前の水溶液が、酸性なのかアルカリ性なのか、固体が溶けているのか気体が溶けているのか、金属を溶かすのかなど、さまざまな視点で考えます。それによって水溶液をより的確にとらえることができます。
「生物と環境」では、人の生活における持続可能な環境との関わりを多面的に調べます。「燃焼」や「水溶液」「光合成」など、これまでの学習で得られた知識を十分に生かし、互いの考えを尊重しながら、人と環境のよりよい関係をつくりだす工夫を、子どもと一緒に考えていきましょう。

8 エネルギー領域の学びで大切にしたいこと

1 主として「量的・関係的」な見方でとらえる
2 「量的・関係的」に見ると、規則性の美しさを味わえる
3 関係し合う数値を表やグラフに表して、エネルギー領域を楽しもう

1 「量的・関係的」な見方

　エネルギーを柱とする領域では、主として「量的・関係的」な見方で自然の事物・現象をとらえていきます。エネルギー領域の学習対象になるのは、風やゴムの力であったり、光や音や電気の働きであったりします。「ゴムをものすごくいっぱい引っ張ったら、すごくいっぱい進んだよ」と言っても、少しも科学的ではありません。「ものすごくいっぱい」は、一人一人違う感覚だからです。「20cm引っ張ったら、10m進んだよ」と言えば、全員がなるほどとわかり合うことができます。「量的」な見方とは、さまざまな力の大きさや現象を数値に表してとらえていくということです。

　また、この領域の内容は、2つの量がどのように関係しているのかという視点で見ていきます。第3学年のゴムの力では、「ゴムを引いた長さと、車の進む距離に関係があるのではないか」ととらえるときに「関係的」な見方が働いています。鏡を使って太陽の光を反射させたときの、鏡の枚数と明るさの関係や、電池を使ってモーターを回すときの、電池の数とモーターの回転数の関係など、「関係的」な見方の出番がたくさんあります。1つの数値が変化するとき、もう1つの数値も変化するのではないかという視点で、実験の経過や結果を見るときに、子どもは「量的・関係的」な見方を働かせているのです。

2 「量的・関係的」に見る面白さ

　「量的・関係的」な見方は、エネルギー領域の面白さを、よりはっきりと私たち

に見せてくれる道具です。「すごくいっぱい進んだよ」と言っても、実際にどれほど進んだのか他の人には伝わらないけれど、数値化していくことで、皆で共有することができます。また、一つの値が変化するとき、それに関わるもう一つの数値との関係を、表やグラフに表してみると、はっきりとその姿が見えてきます。「量的・関係的」な見方で自然をとらえたときに見えてくる規則性の美しさや妙は、何といってもエネルギーを柱とする領域の面白さといえるでしょう。

3 エネルギー領域を楽しもう

　第3学年「風とゴムの力の働き」は、「量的・関係的」な見方を働かせて楽しむ内容です。ゴムを引く長さを、5cm、10cm、15cmと変えたときに車の進む距離を調べます。体育館などで、ダイナミックに実験すると楽しいです。巻き尺などで距離を計測して、子どもはノートやワークシートの表に数値を記録していきます。5cm引いたときの車の進む距離を、3回計測して、「3回のうちの真ん中の数値を選ぶ」というようなルールを決めておくとよいでしょう。各グループの数値を、模造紙のグラフにシールなどで貼っていきます。グループによって多少の違いはありますが、「だいたい真ん中ぐらいの数値を見る」といったルールを決めて、結果を整理していくと、ゴムを引く長さが長くなると、車の進む距離も長くなり、グラフは直線的な形になります。「このグラフを見ると、20cmゴムを引いたら車がどれだけ進むかわかりそうだね」と教師が声をかけてもよいでしょう。2つの変化する数値をグラフに表すことで規則性が見えてくるという、理科ならではの面白さを味わうことができます。

　第5学年「振り子の運動」は、振り子が1往復する時間は何に影響するのか、条件を制御して調べます。調べていくと振り子の長さが影響していることがわかりますが、振り子の長さと1往復する時間をグラフに表してみると、2つの数値の関係が直線ではなく、放物線のような姿となり、びっくりします。振り子の学習の続きは、高校までお預けなので、長期記憶に残ることを期待します。

　第6学年「てこの規則性」は、てこの左うでのおもりの位置（支点からの距離）とおもりの重さを変えずに、それとつり合う右うでのおもりの位置（支点からの距離）とおもりの重さの組み合わせを調べて、結果を表に整理します。その表を子どもたちがしっかりと見ていくと、「あれあれ、なんかきまりを見つけたよ」という声が上がってきます。てこの規則性、モーメントを子どもたちが見つけた瞬間に立ち会うことができます。

9 粒子領域の学びで大切にしたいこと

1 主として「質的・実体的」な見方でとらえる
2 「質的・実体的」に見ると、見えない世界を見る面白さが味わえる
3 モデル図でイメージを可視化して、粒子領域を楽しもう

1 「質的・実体的」な見方

　粒子を柱とする領域では、主として「質的・実体的」な見方で自然事象をとらえていきます。粒子領域の学習対象になるのは、空気や水、重さや水溶液など、どれも見るだけでは判断できなかったり、見分けられなかったりするようなものばかりです。例えば、水と食塩水が入ったコップが並んでいたら、見た目には区別がつきません。また、ものが燃えるとき、空気中の酸素が使われて、二酸化炭素が増える様子も、見ているだけではわかりません。
　このように目視では判断できない事物や現象について、その性質や実体に目を向け、「見えなくても確かにそこにあるはずだよ。こんなことが起きているはずだよ」と考えて調べようとするとき、「質的・実体的」な見方が働いています。

2 「質的・実体的」に見る面白さ

　粒子領域の面白さは、見えない世界を見る楽しさだと思います。見えない世界を見るために役に立つ道具が「質的・実体的」な視点です。
　食塩の水溶液が水とは違う証拠を探してみましょう。「見えないけれど、この中には食塩があるはずだ」と考えるとき、コップの水の中に、見えないくらいに小さくなった食塩の姿をイメージすることができます。食塩の粒子モデルをコップの中に描いてみると、さらにはっきりとイメージできます。そこから、証拠探しについてのさまざまな発想が生まれてくるでしょう。
　「重さを量ったら、水より重いはずだよ」「水を蒸発させたら、溶けているも

のが残るはずだよ」などと見通しが立ったら、確かめてみればよいです。確かに、食塩水は同じ量の水より重いし、蒸発させたら白い食塩が出てきます。見えないものでも、実体的にモデル図などを描き、可視化してとらえることで、性質の違いが見えてくるのです。「質的・実体的」な視点を働かせる面白さが、ここにあります。

3 粒子領域を楽しもう

第3学年「物と重さ」は、粒子領域の最初の単元です。化学の基盤となる周期表は、原子番号1番の水素から始まり、質量の小さいものから大きなものへと順に並んでいます。つまり質量によって物質が区別されるのです。物の重さで物質を見るスタートが、3年生です。したがって、「物は、体積が同じでも重さは違うことがある」ということを、まずは体感することから始めたいです。物を手に持って重さを感じながら比べたり、はかりを用いて重さを数値で確かめたりします。重さは見えないけれど、実感を通してとらえたいところです。

第4学年「空気と水の性質」では、閉じ込めた空気を圧し縮めたときの体積や圧し返す力に着目して調べていきます。空気は閉じ込めて力を加えると圧し返してきますが、水は圧しても縮められません。モデル図を描いてイメージを可視化すると空気や水の違いをとらえやすくなります。

第5学年「物の溶け方」では、物の溶ける量や様子に着目して調べていきます。「物が水に溶けても、水と物とを合わせた重さは変わらないこと」を学習します。「溶けて見えなくなると重さもなくなる」「軽くなる」と考える子どもがいますが、モデル図を描くことで水の中の食塩を実体的にとらえることができるようになっていきます。

第6学年「燃焼の仕組み」では、空気の変化に着目して調べていきます。見えない空気であっても、モデル図などを描いて、その流れや変化を実体的にとらえることができます。また、第6学年「水溶液の性質」は、水溶液の中の溶けているものに着目して調べていきます。溶けているものは見えないですが、実体的にとらえて、その性質を調べていく学習です。

粒子領域の学習は、化学の学習につながります。化学は、分子モデルや化学式を用いて考えることが多く、まさに「質的・実体的」なとらえ方を用いて考える必要があります。子どもが、イメージ図やモデル図を用いて考えることで、化学につながる土台をつくっていけるとよいでしょう。

10 生命領域の学びで大切にしたいこと

1 主として「共通性・多様性」の見方でとらえる
2 「共通性・多様性」で見ると、生物の進化や生態系への気付きがもてる
3 共通点と違いを見つけて、生命領域を楽しもう

1 「共通性・多様性」の見方

　生命領域の学びで一番大切にしてほしいのは、命あるものへの尊厳の心をもつことです。むやみに切り刻んだりするのではなく、学ばせていただくという気持ちをもってほしいのです。学年目標の生物を愛護する態度、生命を尊重する態度は、この領域の学習を通して育んでいきます。
　生命を柱とする領域では、主として「共通性・多様性」の見方で自然事象をとらえていきます。生命領域の学習対象になるのは、この地球上の生き物とそれに関わるものです。今、この地球で見られる生き物は、動物でも植物でも、およそ36億年前に、1つの生命体から進化した仲間だと考えられています。そう考えれば、共通しているところがあるのも、進化して多様な形態になっているところがあるのも理解できるでしょう。「同じところはどこかな？　違うところはどこかな？」という視点で、生物の特徴や構造、環境との関わりを見ていきます。生命領域では、「共通性・多様性」の見方を働かせると、生物の面白さや愛おしさがよく見えてくるのです。

2 「共通性・多様性」で見る面白さ

　生命領域は、「共通性・多様性」の視点で体のつくりや機能をとらえると、生物の進化の様子が垣間見えたり、生態系への気付きをもてたりする面白さがあります。人間とクジラは、見た目にはまったく違う生き物のように見えますが、その骨格や機能に目を向けると共通していることがたくさんあります。クジラ

は、お乳で子どもを育てる人間と同じ哺乳類です。同じ仲間なのかと思うと、不思議な一方、わくわくするような気持ちです。生命領域は、生物学につながります。生き物の仕組みや機能、生態などを比較しながら「共通性・多様性」を見いだそうとするとき、生命領域の面白さを味わうことができるでしょう。

3 生命領域を楽しもう

　小学校の生命領域は、第3学年「身の回りの生物」で身近な生物と環境の関わりを学習することから始まり、第6学年「生物と環境」で人と環境の関わりを学習することでまとめとなります。生命は、地球環境があってはじめて生まれたものなので、この領域の大切なテーマとなります。

　第3学年「身の回りの生物」では、昆虫と植物それぞれの成長と体のつくりを学習します。地球上の生き物を大きく分けると、動物と植物です。この地球で一番多い動物は昆虫類で、子どもたちにとっても身近な存在です。生活科で親しんできた昆虫を、理科の「共通性・多様性」の視点でとらえることで、多くの気付きがあるでしょう。植物では、子どもに身近な双子葉植物を用いて、成長の様子や体のつくりを調べます。「共通性・多様性」の視点でとらえることで、根、茎、葉があるのは同じでも、それぞれの植物には特徴があることが見えてきます。

　第4学年「人の体のつくりと運動」では、関節を中心に骨と筋肉のつくりと働きを見ていきます。ここでも「同じところはどこかな？　違うところはどこかな？」という視点でとらえると、さまざまな気付きがあります。「指も腕も脚も筋肉の伸び縮みで動くんだね」「指やひじの関節は同じ方向にしか曲がらないけれど、手首の関節は、いろいろな方向に曲がるよ」など、「共通性・多様性」の視点は、子どもに楽しい発見をもたらしてくれることでしょう。

　第5学年「植物の発芽、成長、結実」「動物の誕生」では、生命のつながりを見ていきます。植物と動物は、姿も生活の仕方も違いますが、次の世代に向けて発芽のための養分を種に蓄える植物と、孵化した子メダカに養分をもたせる卵の仕組みには、命をつなぐための共通点を見いだすことができます。

　第6学年「人の体のつくりと働き」「植物の養分と水の通り道」では、生きるための構造と機能を見ていきます。

「共通性・多様性」の視点は、それぞれの生物の特徴や、別々の進化を遂げた動物と植物の似ているところも見せてくれるでしょう。

11 地球領域の学びで大切にしたいこと

1 主として「時間的・空間的」な見方でとらえる
2 「時間的・空間的」に見ると、
　地球の壮大なスケールを味わえる
3 子どもの目線を大切にして、地球領域を楽しもう

1 「時間的・空間的」な見方

　地球を柱とする領域では、主として「時間的・空間的」な見方で自然事象をとらえていきます。地球領域の学習対象になるのは、私たちが暮らす地球のことですと言われたら、大きすぎて戸惑ってしまうでしょう。でも大丈夫。小学校理科では、太陽と地面の関係や天気の変化、土地の変化の様子など、私たちの暮らしと密接に関わる地球の様子を見ていきます。

　それでも、地球領域の対象はどれもスケールが大きいので、それらを見ていくときには「時間的・空間的」にとらえることが大切です。太陽や月の動きを調べるときは、「同じ場所で1時間ごとに調べる」というように計画します。目の前の地層のでき方を調べるならば、何万年というはるかな時間とその奥に続く空間的な広がりを見ようとしなければ、その面白さは見えてきません。この領域特有の壮大なスケールは、「時間的・空間的」な見方を働かせることで見える楽しさなのです。

2 「時間的・空間的」に見る面白さ

　5年生の担任をしていたとき、「天気の変化」の学習で、校舎の屋上に敷物を広げて寝ころび、子どもたちと雲の動きをのんびりと観察したことがあります。上空をほとんど動きがわからないくらいゆっくりと西から東に動く雲。その下で風にのって南から北に動く雲。子どもたちは、上空と低空の雲の動きの違いに気付きました。塾で「雲は西から東に動く」と刷り込まれていた子ども

にとっては驚きの発見であり、学級の皆で雲の動きを実際に観察できたよい時間となりました。「時間的・空間的」に見ることのよい例にはならないかもしれませんが、地球領域の学習では、ゆったりとした時間や大きな空間の広がりを通して、子どもと一緒に地球の壮大なスケールを味わいたいです。

3 地球領域を楽しもう

小学校の地球領域は、私たちの暮らしとの関係で地球を見ていくため、子どもからどのように見えるのかを大切にします。例えば、太陽の動きは、「太陽が東から上って西に沈む」ことを観察します。月の動き、星の動きも同様です。これは、天動説を扱っているわけではありません。子どもにとって身近な自然の現象を子どもの目でとらえることが、はじめの一歩となるのです。

第3学年「太陽と地面の様子」では、影を手がかりに太陽の位置を探します。生活科とのつながりを考えると、影遊びを通して影に目を向けることから始めるとよいです。影と自分の先に太陽があることに気付く子どももいるでしょう。影への関心が高まってきたところで、物の影の位置が、中休みと昼休みで違うことに出会います。影と物を結んだその先、はるか空の彼方にある太陽の位置に目が向きます。「時間が経つと影の位置が変わるのは、太陽が動くからではないかな？」という子どもの気付きは、まさに「時間的・空間的」に太陽と影の関係をとらえたことから生まれているのです。

第4学年「月と星」では、月や星を、位置の変化や時間の経過に着目して調べていきます。ただし、月や星が見えるのは夜です。皆で一緒に、1時間ごとに位置を調べられるとよいのですが、実際は家庭で観察することが多いでしょう。それぞれの家庭で子どもが観測したデータがもとになるため、方位磁針を正しく使えるように教室でしっかりと学習しておく必要があります。できれば、移動教室や宿泊学習の機会を生かして、夜空に輝く星や月を皆で観察し、豊かな心情を育てたいものです。

第5学年「流れる水の働きと土地の変化」や第6学年「土地のつくりと変化」では、川の働きや火山活動などでつくられる土地の変化を見ていきます。上流から下流までさまざまな姿を見せる川の働き、下流に降り積もってできる地層、火山活動によって生まれる土地、私たちの目の前に広がる山や川、平野の成り立ちをはるかな時間や空間の広がりでとらえます。この領域ならではの、壮大なスケールで「時間的・空間的」な見方を働かせる面白さを感じてほしいと思います。

Column

担任理科と専科理科、教科担任制、それぞれのよさは？

　国語専科や算数専科はあまり聞かないかもしれませんが、理科専科をおいている学校は多いです。最近は、学年内教科担任制など、同学年や高学年ブロックの中で教科担任を持ち合っている学校もあります。それぞれのよさがありますから、子どもの実態に合うものを選ぶとよいでしょう。

　担任理科のよさの1つめは、子ども一人一人のよさを生かした授業ができることです。それぞれのよさを一番知っているのが担任だからです。昆虫に興味がある子。本をよく読んで知識のある子。運動が得意な子。それぞれのよさを生かし、発想を引き出すことができます。

　担任理科のよさの2つめは、柔軟なカリキュラムが用意できることでしょう。理科は何曜日の何時間目と決まっていても、朝、下弦の月が見えるのは今日だとか、メダカの卵が孵化したとか、担任であれば柔軟に変更が可能です。自然は待ってくれないので、ジャストタイミングの感動を味わえるのは大きなメリットです。

　専科理科のよさは、授業の準備や片付けが余裕をもってできることです。同学年の学級で、準備した教材を繰り返し使うことができます。観察・実験の準備や片付けも、担任理科のようにあわてずにできます。理科好きな方が専科になると、理科室を使いやすく楽しい場所に整えてくれることもあります。

　教科担任制のよさは、同学年の教師ですから、比較的子どもを理解して授業ができることです。子どもにとっても、学年内の他の先生にも声をかけてもらえて、相談ができるというよさがあります。準備した教材も、学級の数だけ繰り返し使うことができます。ただし、担任理科ほど、柔軟にカリキュラム対応するのは難しいかもしれません。

　このように、担任理科と専科理科、教科担任制には、それぞれによさがある一方、それぞれに難しさもあるといえるでしょう。

第 2 章
理科の授業準備

① 目指したい授業を思い描こう

1 目指したい授業の視点を確認し、よりよい授業像をもとう
2 観察・実験以外の「言語活動の楽しいイメージ」をもとう
3 よい授業を見て、
  さらに理想の授業像の具体を明確にしよう

　第1章では、理科の教科特性について学んできました。本章では、よりよい理科授業の実践に向けた、具体的な準備を進めていきます。
　そのためには、まず自分がどんな理科授業がよいと考えているのかを知るとともに、早い時期に理想とする具体的な授業像をもつことがとても大切です。

1 理想の授業像をイメージすることが、よりよい授業への第一歩

　まず、自分自身がもっているよい理科授業のイメージを確認するために、次の①〜⑪の項目のうち、目指したい授業の姿を6つ選んでみましょう。
　①　教科書の問題やまとめの言葉が子どもから出てくる授業
　②　一人一人の子どもに学力が付く授業
　③　苦労しないで時間内に予定通り終われる授業
　④　子どもの喜ぶ顔や満足した顔が見られる授業
　⑤　子どもが主体的に行動する授業
　⑥　子どもが考えを伝え合ったり、議論したりする授業
　⑦　教師がリードして説明したり話したりする授業
　⑧　子どもの考察の内容が深まる授業
　⑨　子どもが勉強したと実感できる授業
　⑩　子どもと一緒に学習計画までつくれるような授業
　⑪　やった！　うまくいった！　と思える授業
　さて、どの項目を選んだでしょうか。どれも必要な視点ですが、①③⑦などの教師の視点を主に考えていると、教授中心の一方的な授業に陥り、そこから

抜け出すことができなくなってしまいます。

　教師の視点だけに偏ることなく、子どもの視点を大切にした授業像をもって、自分自身の指導力を身に付けていくことが、結果的に教師の視点から見てもよい授業を実現できることにつながります。

2 「理科は実験ができるから楽しい」を超える授業とは

　全国学力・学習状況調査や各種の理科学習に関する調査においても、子どもたちが理科授業の魅力として一番に挙げるのは、「理科は、観察・実験ができるので楽しい」というものです。これは、観察・実験などの体験的活動に主体的に取り組んでいて、心が動いているということでもあります。

　しかし、視点を変えてこの結果を見直してみると、理科授業の「問題を見いだしたり、実験を計画したり、結果から考察して話し合ったりする（言語活動）場面」では、「主体的に取り組めていない」「充実した喜びを経験していない」と考えることができるのです。

　すなわち、第1章2の「理科で身に付けたい『問題解決』の力」を養うことが不十分であるととらえることもできます。教師自身が言語活動の楽しいイメージをもつことが、これからは大切となるでしょう。

3 理想の授業像を具体化するために

　子どもの視点を大切にした言語活動の楽しいイメージとは、どのようにしたらもてるのでしょうか。

　よりよい具体的な授業のイメージをもつために、まずは本章を読み終えてから、第3章「理科の授業づくり」をよく読み込み、今までの自分の授業の進め方や子どもとの関わり方と比較して、その違いを見つけるようにしてみることです。よい授業への視点を、より具体的にすることができるでしょう。

　次におすすめなのは、理科の研究会や研究校に、子どもと先生が共につくっている公開授業を見に出かけたり、その授業動画を見たり、授業記録を読んだりして、子どもと教師の具体的な関わり方の詳細を見取ることです。

　その他に、インターネット上に公開されている国立教育政策研究所の理科映像指導事例集（動画）や一部の教育委員会の研修用動画には、言語活動の具体的な授業イメージの構築に役立つものもあります。

2 教科書を読み解こう

1 教科書は授業の原作本、教師は名脚本家・助演俳優を目指そう
2 単元の全体構造や本時の位置付けを明確にしよう
3 教科書の流れを具体的授業に置き換え、対話や行動を想定しよう
4 教科書の記載どおりではない授業展開も想定しよう

1 教科書を原作本として、よい脚本を書こう

　さて、よい授業の実現に向けて、授業づくりの第一歩を踏み出しましょう。その第一歩とは、教科書を読み解き（教材研究）、より上手に使いこなせるようになることです。

　教科書は、教科指導の主たる教材として、学習指導要領に示す事項を不足なく取り上げ、見解の偏りなく、全体の分量・配分や相互の関連が適切であるように配慮されています。各単元で子どもの実態に合ったよりよい問題解決の過程を考え、その学習過程を教師だけでなく子どもが見てもわかるように示しています。

　近年では、問題解決の過程に沿って、単元に入るきっかけとなる問題づくりの場面を設定したり、実験の詳細な手順やその結果の写真を入れたり、ノート指導の具体例を記載したりしています。さらに、考察のプロセスも示されており、挿絵などで想定される子どもの発言が書かれたり、考察を話し合った後の結論が、まとめとして書かれたりしています。

　このため、子どもが教科書を全部読んで覚えれば、知識は身に付きますが、生きて働く「問題解決の力」を身に付けることはできません。

　教師には、教科書を原作本としてとらえ、本時のよい脚本（授業構成）を書き、多くの俳優（子どもたち）が活躍できるよう、よりよい授業を進める助演俳優となって、教科書を必要に合わせて使いこなすことが求められています。

2 本時の位置付けを明確に

　教科書をよりよく読み解くには、まず、その単元の学習内容のまとまり『次』が相互にどのようにつながっているのか、すなわち「直線的か、並列的か」「第一次から分かれているか」などを俯瞰的に（単元をストーリーとして）とらえ、本時の位置付けを明確に理解する必要があります。そうすることで、本時の内容や具体的な活動の一番大切な部分が明確になり、本時の授業構成も組み立てやすくなるからです。

3 教科書の流れを授業に置き換えて

　次に、教科書の流れを学級での具体的活動に置き換えて、子どもの発言や対話のやりとりなどを想定したり、誰がどのような行動をとりそうか考えたりしていきます。

　例えば、第5学年「流れる水の働き」で、教科書に載っている川の写真から問題づくりをする場面では、「教科書の●ページの写真を見てね」と言うのか、教科書の写真1枚だけを取り出して「川の写真を見せるね」「黙って手を挙げて気が付いたことを話してね」と言うのか。また、それに対して誰と誰がどんな反応をして、何と発言し、それに自分はどのような言葉を返すのか。

　子ども一人一人が発言でき、学級全体の問題をつくれるように、どうコーディネートして話し合いを進めていくのかなどを、具体的に想定していきます。そして、教科書の写真や挿絵などで不十分なところがあれば、効果的な補足資料を考えたり、話し合いが膨らむように、個々の経験を引き出す問いかけを考えたりすることなども必要となります。

4 教科書どおりではない授業展開も想定

　観察・実験の場面では、教科書に示された手順だけではなく、起こりうる事態を踏まえて、注意事項を具体的に想定する必要があります。

　加えて、実験結果の共有や考察の場面には、模範的な結果や結論のみが記載されていることでしょう。しかし、教科書の文章をそのまま子どもが発言することはないので、実際の授業では個々の発言を整理しながら、最終的に「共通してみんながわかったことは？」と問うなど、結論を集約していくことが求められます。

3 教材研究はどう行えばいい?

1 学習指導要領や教科書などを参考に、「指導内容」を研究しよう
2 自然事象に関心を寄せて、楽しみながら「素材」を研究しよう
3 子どもと向き合い、教師同士の情報交換から「実態把握」に努めよう
4 学級の子ども一人一人の実態に合わせて「指導方法」を研究しよう

　教材研究は、あらかじめ指導内容への理解を深め、適切な指導方法を考え、準備を進めるための大切な営みです。「指導内容」「素材」「実態把握」「指導方法」の4つの視点を意識して進める必要があります。
　前節では教科書を使った教材研究について触れました。ここでは、より詳しく教材研究の視点と方法について述べていきます。

1 「指導内容」は、学習指導要領や教科書などを調べて

　まず単元の目標を確認して、育てたい資質・能力やその系統的な位置付けを具体的に把握するとともに、何ができて、何をわかるようにするのかという指導内容について考えます。そして、単元で扱う教材の条件や扱い方の程度、実験での注意事項などを確認しておきます。
　そのためには、学習指導要領解説や学習評価に関する参考資料、教科書や指導書などを読み、内容を理解するようにしましょう。

2 「素材」は、日頃から関心を寄せて、楽しみながら

　理科における「素材」とは、教材となる以前の自然事象のことです。「素材」そのものに関心を寄せ、深く学ぼうとすることも大切です。
　例えば、教師が日々の生活の中で、実際の月や星を観察することで、観察場所や時間の確保の難しさに気付いたり、位置によって月が大きく見えることに素直に感動したり疑問をもったりして楽しむことです。そして、より詳しく知るために指導書や参考文献などで調べたり、専門家に聞いたりするのもよいで

しょう。このような経験が多いほど、子どもの立場に立って、無理のない授業構成を考えたり、授業中に子どもが見せる予想外の反応に共感できたりします。また、子どもたちの質問や疑問にも対応できるようになるでしょう。授業が深まり、子どもも先生も楽しくなります。

　このような素材研究を通して、教科書で使われている教材を、他の素材に置き換えて指導するアイデアなども生まれてきます。

3 「実態把握」は、子どもと向き合い、教師同士の情報交換から

　単元の指導に関わる子ども一人一人の実態をしっかりと把握して、後述する「指導方法」の研究に生かせるようにします。そのためには、次のような視点をもって、日々子どもと向き合ったり、他の教師と情報交換したりするとよいでしょう。

- ・理科や教材に対する子どもの興味・関心や意欲、反応、願いや悩み
- ・既習事項の定着や課題（何ができて何ができないか）、つまずきの傾向
- ・学習習慣や姿勢（自分で考えようとしているか）、学級全体の傾向
- ・授業中のつぶやきや発言の内容と傾向、結果の解釈や理解の傾向
- ・学習速度やノートの書き方、グループでの様子や仲間との関わり方
- ・単元の学習に関わる生活経験や学習環境

4 「指導方法」は、学級の実態に合わせて

　ある先生が別の学級で実践した授業が、自分の学級でうまくいくとは限りません。自分の学級の子ども一人一人の姿をイメージしながら授業展開を構想し、学級に合わせた指導方法を、次のような点から考えていきましょう。

- ・子どもにとってわかりやすい問題や具体的な学習のめあて
- ・学習活動、発問の構成、子どもの反応やつまずき、子どもへの支援や手立て、学習形態、具体的な机間指導例など
- ・具体的な板書計画
- ・思考を深め、理解を助けるワークシートや教具・掲示物など

　指導方法の研究を深めるには、指導書などを読みこなすだけでなく、学校・学年内で子どもの指導に関する情報交換を日常的に行ったり、県や市町村教育委員会などの研修や地域の理科研究会などに参加したりして、多くの先生から事例を学ぶとよいでしょう。

4 単元全体の流れを考えよう
－単元計画の作成－

1 単元計画の主項目は、時間・学習活動・教師の支援
2 子どもの思考の流れに沿い、学習活動のつながりを考慮した計画を立てよう
3 実態に合わせて、単元全体の流れを変更

1 時間・学習活動・教師の支援を明らかに

　単元計画は、単元の目標を達成するために、指導内容をどのような順序で、どの程度の時間で指導していくかを、わかりやすく示すものです。作成に当たっては、子ども自らが主体性をもって問題解決を行えるように、子どもの実態や思考、問題解決の過程を大切にします。単元計画の形式は、その利用目的によって異なりますが、計画に沿って評価規準を位置付け、具体的な教師の支援と評価に生かすものが多いです。

【単元計画の作成手順】
① 単元の学習のまとまりを「次」で整理して、学習時間を示す。
② 最も効果的な学習の流れを踏まえて、次ごとの学習活動を決める。
③ 学習活動に対する教師の支援や評価を設定する。
④ 年間の指導時間のバランスを考え、単元の時間を最終決定する。

次	時	学習活動	教師の支援（○）評価（☆）
一　作って調べたい	1	①豆電球を使ったテスター型おもちゃを見て、自分もしたいと思ったことを話し合う。 ・はさみをのせたら明かりがつくかやってみたい。 ・消しゴムはつかないかな。 ・缶の筆箱ならつくかな。 　→明かりがつく物とつかない物を調べたい。（4次） ・同じような明かりがつく物をつくりたい。（3次） ・動物がいいな。 ・ロボットがいいな 　→豆電球のつけ方（回路）を調べたい。（2次）	○教師がつくったおもちゃを見せ、したいと思ったことを挙手して話すように促し、学習の見通しをもつようにする。 ○手の上に金属をのせると明かりが点灯するなどのテスター機能をもつおもちゃを見せる。 ○したいことを整理して、個々に調べ活動ができるように、テスター型ものづくりを学習計画に組み込むようにする。
二　明かりのつけ方	2	①豆電球、ソケット、電池、導線をどのようにつないだら、豆電球に明かりがつくのだろうか ②豆電球がつく場合と、つかない場合を図で記録する。 ・つけるのに、この4つが必要だ。 ・乾電池のカバーのところにつけてもつかないよ。 ③結果を話し合い、つく・つかないの決まりをまとめる。	○つく場合だけでなく、つかない場合も記録するように促す。 ○つかない理由も話すよう促すことで、回路を深く理解できるようにする。 ☆回路について調べ、得られた結果を絵・図で記録して、話し合って解決している。（思・判・表）

2 子どもの思考の流れに沿い、学習活動のつながりを意識して

第4学年「季節と生物」では、動物の活動や植物の成長は、暖かい季節、寒い季節などによって違いがあることを理解するとともに、観察・実験などに関する技能を身に付けることができるように指導することが求められます。

教科書では春・夏・秋・冬のページに分かれていますが、別々の単元と考えるとうまく学習を進めることができません。なぜなら、教師が季節ごとの変化を見通し、春に観察対象とする動物・植物を決め、子どもの思考の流れを生かした学習計画を立てる必要があるからです。

さらに、春の単元の終わりに「夏の単元の導入を終わらせておく」という視点をもつことが大切です。春の単元の終わりに、「近頃だんだん暑くなってきたね。生き物の成長の学習は終わりでいいかな？」などと子どもに問いかけてみるのです。子どもが主体的に学習を進めていれば、「夏にどうなるか調べたい」と言うでしょう。そして、夏は春に学習した視点を活用して観察を行い、変化に気付くようにします。

このように、子どもの思考の流れに沿い、学習活動のつながりを意識して単元計画を考えることが大切です。

春の単元 → 夏の導入 → 年間の見通し → 夏の単元 → 秋の導入 → 秋の単元 → 冬の導入 → 冬の単元 → 年間の変化

3 子どもの実態に合わせて、単元全体の流れを変更

意外かもしれませんが、採択教科書以外を調べてみると、教材や扱う順序、時間などが異なることに気付きます。

例えば、第3学年「身の回りの生物」では、自然環境や教材に配慮して、モンシロチョウとともに、アゲハチョウを同列に扱ったり、トンボやコオロギなどの飼い方が書かれていたりする教科書もあります。

また、第5学年「振り子の運動」では、問題のつくり方や単元の流れも、各社がそれぞれ想定した子どもの実態に合わせて工夫されています。

さらに、第5学年「流れる水の働きと土地の変化」では、教材とともに、「次」の順序やつなげ方、自然災害の扱い方や授業時間数に特徴が見られます。

なお、教材や単元全体の流れを変更する場合は、学年担任間でよく話し合い、教科書と比べて不足のないように配慮した指導をする必要があります。

5 1時間の流れを考えよう
－本時案の作成－

1. 目的と読み手を意識して、事前に設定や形式を確認しよう
2. 主な学習活動は、問題解決の過程に沿って考えよう
3. 一番大切な学習活動を中心に、時間配分を考えよう

1 目的と読み手を意識した形式に

　本時案は、研究授業などの他者に授業を見せる際、本時の授業構想を伝えるために作成するものです。

　本時目標と本時展開の2つの柱で表されることが多く、本時展開の中には、学習活動と内容、教師の支援、問題と結論（まとめ）などとともに、児童の反応、評価の観点なども含まれます。

　この項目の設定や形式は、研究会や学校、研究授業の目的によって異なります。

　研究発表会などの公開授業では、研究内容との関わりを示したり、実験の準備物や図・絵などを加えたりすることもあります。

　このため、書き始める前に形式や内容、文字数なども含めて、十分に確認しておくことが大切です。

【実験を含む本時案の例】
○本時の目標
　〜〜〜に着目して、○○して得られた結果をもとに考察し表現するとともに話し合い、○○について〜〜できる。
○本時の展開

学習活動と内容 ・予想される児童の反応	教師の支援 ★本時の評価
具体的な学習問題	
1　主な学習活動① ・児童の反応 ・児童の反応	・具体的な教師の支援
2　主な学習活動② ・児童の反応 ・児童の反応 ・児童の反応	・具体的な教師の支援 ・具体的な教師の支援
3　主な学習活動③ ・児童の反応 ・児童の反応	★具体的な評価規準（評価の観点）
結　論	
4　本時を振り返り、次時の見通しをもつ ・児童の反応 ・次時の活動の確認	・教師の支援

2 主な学習活動は、問題解決の過程に沿って

主な学習活動は、右の問題解決の過程に沿って考えるとよいです。学校や研究会で使っている様式や言葉を使って、わかりやすく表現しましょう。

1	自然事象に対する気付き
2	問題の見いだし
3	予想や仮説の発想
4	解決方法の発想
5	観察・実験
6	結果の整理
7	考察
8	結論の導出

3 一番大切な学習活動に 十分な時間配分を

本時目標を踏まえて、しっかりと時間をかけて行う必要のある大切な活動を決めます。その活動につなげるために、短い時間で実施できる活動を加えるようにするとよいでしょう。よくありがちなのは、項目を細かく分けて活動をたくさん書きすぎたあまり、時間内に授業が収まらなくなってしまうことです。

例えば、1時間で上記の問題解決の過程5・6・7の学習活動をする場合、項目の表し方によって時間配分も変わってきます。

例1は、実験が終わった順に、子どもが結果を黒板などに書いて共有し、個人の考察を書いてから話し合い、結論をまとめる授業を想定しています。1の中で結果の共有と個人の考察の方法までを指導し、2と3を中心に時間配分を考えます。

例2は、実験が終わったら、全員で結果の共有をしてから、個人の考察を書きます。その後、考察を話し合って結論をまとめる授業です。1の中で、実験が終わったら結果を共有することを伝えておき、主に2と3と4を中心に時間配分を考えます。

このように、想定される実験結果の状況や子どもの実態を踏まえて、本時の学習を具体的に考えながら、最適な項目立てを判断することが、学習時間の配分にも大きく影響を与えるのです。

【例1】
1　予想や実験上の注意を確認する。
2　実験を行い、結果の共有をして個人の考察を書く。
3　考察を話し合い、結論をまとめる。
4　振り返り（次時の見通しをもつ）。

【例2】
1　予想や実験上の注意を確認する。
2　実験を行う。
3　結果を共有し、個人の考察を書く。
4　考察を話し合い、結論をまとめる。
5　振り返り（次時の見通しをもつ）。

6 準備と予備実験をしよう

1 教材や器具・薬品の購入、準備は1か月前には終えておこう
2 教材や器具・薬品の変更は授業展開に影響する
3 慣れている実験でも、子どもに合わせた指導方法や観察・実験の安全性を確認しよう

1 観察・実験の1か月前には準備完了

　理科の授業の楽しさとして、観察・実験ができることを挙げる子どもは多いです。子どもが楽しく観察・実験をして、正しい結果を得るためには、日常的な指導と教師の事前準備が重要です。

　日常的な指導とは、理科室での基本的な約束（換気や身支度、用具の準備時や行動上の注意、基本的な事故対処、演示実験の見方など）を身に付けさせることです。教師の事前準備として、日常的な器具・薬品の安全管理とともに、年度はじめから1か月以上前までに観察・実験の方針を決めておきます。そして、遅くとも1か月前までには、観察・実験に必要な教材や器具・薬品を確認し、購入や準備などを終えているようにする必要があります。

〇日常的な器具や薬品の安全管理と準備の視点
　・ガラス器具にひび割れ、欠け、傷、よごれなどはないか
　・器具の数は十分か　・器具は利用できる状態か
　・加圧、減圧に耐えられるか　・加熱器具の点火状況や検知管の吸引状況
　・予備品や修理の可能性の有無　・薬品の保管状況
　・薬品の性質や危険性の把握（特に爆発性、引火性、毒性などの危険性の確認）
　・薬品の濃度や数量　・薬品利用時の容器は安全か

2 教材や器具・薬品の変更は授業展開に大きく影響

　例えば、観察対象が生物であれば、その生物教材が授業実施時にどのくらい

手に入るのか、確認が必要なのは言うまでもありません。教材の入手が困難であれば代替方法を考えて準備したり、指導計画の一部を変更したりする必要が出てくるからです。

　また、第5学年「電流の働き」で電磁石の強さを変える要因を調べる場合にも、教師の意図や器具の条件などによって、以下のAとBが考えられます。どちらを想定するかによって、単元の指導計画や準備するものが大きく異なります。

A　エナメル線、ストロー、釘で電磁石を自作し、乾電池を使って個別実験を行う場合

B　基本巻き数の電磁石セットを購入し、異なる巻き数の電磁石を自作し、電源装置を使って、グループ実験を行う場合

3　子どもに合わせた指導方法や観察・実験の安全性を確認

　理科では、「教師が慣れている実験であっても、予備実験をするのが当たり前」といわれています。そのときによって子どもたちや実験環境、器具・薬品の状況が異なるため、予備実験で器具・薬品の安全性を確認し、子どもに合わせた具体的な実験の進め方や指導方法を確認する必要があるからです。

　そのため予備実験は、子どもの立場に立つとともに、教師の視点から確認して検討することが大切です。安全を保障するとともに、教師自身もより高い充実感を得ることができるでしょう。

〇子どもの立場に立って予備実験をする

　・授業時の実験と同じ環境、同じ物（器具・薬品）、同じ方法・手順で行う

　・子どもの気持ちになって、行動を予想しながら安全面を考慮する

　・子どもの目の高さで、手や体の動かし方を想定し、指導方法を考える

　・子どもの目の高さでの見え方や観察時の反応を考える

〇教師の視点から確認し、検討する

　・この観察・実験は子どもが問題解決をするために本当に有効か

　・子どもができる無理のない安全な観察・実験か（児童実験か演示実験か）

　・正しい結果が得られるか、得るための注意点は何か

　・観察・実験に要する時間はどの程度か

　・観察・実験の前に必要な指導事項は何か

　・安全に配慮した実験用具などの配置や手順になっているか

　・観察・実験時に予想される事故とその具体的な対策は何か

7 発展編：教材研究を深めていこう

1 「実態把握」と「指導方法」の研究を板書記録で継続
2 他教科の授業研究にも積極的に取り組み、理科に生かそう
3 「素材」の研究を深め、新教材や新展開の創造につなげよう

「教師は専門職だから、日々研修・研究が必要だ」と言われると、「免許更新制度はなくなったのに」「子どもとのやりとりにようやく慣れてきたのに」と言いたくなるかもしれません。しかしながら、社会や生活環境などの変化に伴って、指導内容や子どもの実態も変化するため、常に指導方法を更新していくことが求められるのが教師の仕事です。

それでは、忙しい日々の中で、どのように研修・研究をし、教師としての専門性を磨いていけばよいのでしょうか。

1 「実態把握」と「指導方法」の研究を板書記録で楽々継続

第2章3で述べたように、教材研究には「指導内容」「素材」「実態把握」「指導方法」の4つの視点があります。日々の教材研究では、「実態把握」と「指導方法」の研究を日々継続し続けることが大切です。

具体的で簡便な例を挙げると、授業の板書を写真で残して振り返り、気付きや改善案を書き込むことです。この写真は、理科専科であれば次の学級の授業改善に生かすことができ、学級担任であれば次回の同学年担当時に理科指導のための基礎資料とすることができます。

そして、この板書の記録は自分の財産となり、他学年や他教科に指導時であっても、そこで気付いた子どもの実態、効果のあった指導方法や子どもとの関わり方を思い出すきっかけになるのです。また、後輩から授業相談を受けたときに、具体的なアドバイスのための資料として活用することもできます。

2 他教科の授業研究を理科に生かす

　他教科の研究であっても、「指導内容」「素材」「実態把握」「指導方法」という方向性に変わりはありません。

　自分の授業を映像などで記録し、自己分析に生かすことが有効です。その授業での子どもとのやりとりを文字に起こしてみると、授業を客観的に見直すことができます。他者から指摘されたことを自覚的に理解したり、子どものやりとりのずれやよさに気付いたりすることもでき、自分の「指導方法」の改善にもつながります。

　さらに、特別活動や国語での話し合い活動、社会の問題づくりや予想の立場を明確にした話し合いなど、他教科で身に付けた指導力を理科の導入や考察の場面などで生かすこともできるようになります。

3 「素材」の研究を深め、新教材や新展開を創造

「素材」の研究を深めることで、子どもがわかりやすい教材に変えたり、実験の用具を工夫・自作したりすることができるようになります。

　例えば、第5学年「流れる水の働き」の導入時に使う川の写真を、宿泊学習先の川の写真に置き換えたり、第3学年「昆虫の育ち方」で飼育・観察対象をモンシロチョウからアゲハチョウやカイコに変えたりすることなどです。

　さらに「素材」の研究を深めると、新教材を使ったり、新しい単元の流れを考えたりすることもできるようになります。第2章4で述べたように、子どもの思考に沿った学習活動のつながりを意識したり、単元全体の流れを変更したりする際にも、「素材」への理解が欠かせません。第3学年「電気の通り道」の単元計画では、自作した教材「テスター型のおもちゃ」を見せ、子どもたちと「したいこと」を話し合い、2つの主要な学習問題とものづくり活動を含めた展開を考えました。また、第5学年「振り子の運動」では、振り子型ブランコ競争のおもちゃの提示をきっかけに、子どもがもつ見方・考え方の違いを引き出しながら話し合い、3つの学習問題をつくり、実験を個別化する単元計画をつくることもできます。

　教育委員会の研修に参加するほか、理科教育の雑誌や書籍などを参考にしたり、公開授業研究会や学会に参加したりして、多くの先行実践例などから学び、さまざまな知見から判断できる力を身に付けることが大切です。

観察・実験の充実のために理科支援員を活用しよう

　理科支援員（観察実験アシスタント）制度は、平成19年度から、理科授業の観察・実験活動を充実させることを目的に始まり、現在も文部科学省の経費補助事業として継続しています。

　支援対象学年や支援時間は、各自治体の制度により異なりますが、「理科が好き」「理科の勉強が大切」と考える子どもを増やす効果が、国や自治体の調査結果から示されています。また、令和4年度全国学力・学習状況調査の結果分析によると、「自分の予想をもとに観察や実験の計画を立てたり、その方法を振り返ったり、結果から考察したりする経験が多い」ほど、「理科好き」や「理科や科学技術に関する職業に就きたい」と思う子どもが増える傾向が見られるとの報告もあります。

　このような状況を踏まえると、授業構成を工夫して、理科支援員の活用を促進する必要があるのではないでしょうか。

　工夫の1つめは、グループ1実験だけではなく、2人1実験（「振り子」「ものの溶け方」）や、個々での実験（「電流がつくる磁力」「顕微鏡での観察」）などを行うことです。用具・器具数を増やし、理科支援員に観察・実験の準備や指導的な支援もお願いしてみましょう。

　工夫の2つめは、2時間続きの授業で、個人の考察、結論の導出まで終えられるような授業構成にすることです。具体的には、前時までに予想や実験計画、手順の学習は進めておき、「季節と生物」での観察グループの分担の支援や「水溶液の性質」での結果集約の板書、個人の考察の机間支援も理科支援員にお願いしてみましょう。

　特に、自分が理科専科であれば、片付けや教材園整備は理科室掃除係の子どもたちと行うようにして、理科支援員にはその分の時間を授業支援に充ててもらうようにすることも可能ではないでしょうか。

　なお、各自治体の支援範囲のきまりや支援員の状況を踏まえて依頼する必要があります。

第 3 章

理科の授業づくり

1 授業を シミュレートしてみると

1 教材に触ったときの驚きやわくわくを大切にしよう
2 子どもの様子が違えば、同じ内容でも授業は一変！
3 シミュレーションの最大の目的は、
　子どもの姿を感じられるようになること

1 驚きや不思議さ、わくわくを大切に

　さあ！　いよいよ授業づくりです。前章で準備したものを組み立てながら、授業づくりを行っていきましょう。教材研究のときに感じた「面白いなあ！」「へえ〜そうなんだ」が授業づくりをする際に大いに役立ちます。なぜなら、それは子どもたちが学んでいくときに感じる心の動きそのものだからです。教材研究をしているときや、教科書や学習指導要領解説を読んでいるときの気持ちをもう一度思い出しながら、授業づくりをしていくことをおすすめします。

　第5学年「振り子の運動」を例に、授業づくりの面白さを紹介していきましょう。振り子が1往復する時間に影響を与えるのは「振り子の長さ」です。しかし、油粘土とたこ糸で自作する振り子は「おもりの重さ」も「振れ幅」も変えることができます。子どもたちは、「振り子の長さ」「おもりの重さ」「振れ幅」のうちのどれが影響を与えるのかを探っていきます。

　教材研究をした際、導入で使うものと同じものを手で動かしてみて、どのようなことを感じたでしょうか。「油粘土で作った玉の大きさが変わると振り子が1往復する時間も変わっているように見えるよね」と感じたならば、子どもたちもそのように感じるはずです。「振れ幅を変えるとおもりが揺れるスピードが変わるから、振れ幅を変えても1往復する時間が変わらないって、すぐには信じられないよな」と思ったとすれば、子どもたちの中にはそのように考える子もいるはずです。そのような感じ方を大切にしながら授業に向かえば、子どもたちの心の動きを真ん中においた授業になるはずです。

2 子どもたちの様子に合わせた授業を

　授業を受ける子どもたちは、どんな子どもたちでしょうか。活動が始まったら、わくわくが止められなくて夢中になる子どもたちでしょうか。それとも、先生の話を注意深く聞いて、着実に実験を行う子どもたちでしょうか。同じ単元、同じ内容の授業でも、子どもたちの様子が違えば、まるで違った授業になるはずです。それは、授業は血の通ったものだからです。先生と子どもたちの間に授業は立ち上がっていきます。

　わくわくが止められない子どもたちは、授業の盛り上がりは得意かもしれませんが、注意深さが足りない可能性があります。だとしたら、うまくいかない場面をあえて演出してみるのはどうでしょうか。おもりの数を変えて「おもりの重さによって振り子が1往復する時間が変わるのだろうか」という問題を解決する際に、おもりを縦長につなぎ、重さと同時に振り子の長さを変えてしまうような場面を取り入れたら、思い切りハマるはずです。

　ところが、慎重さをもつ子どもたちにこの展開を取り入れたらどうでしょうか。実験前に「先生、これだと条件が変わってしまう」と指摘するかもしれません。「どうしてそう思うの？」と切り返したら、先ほどの子どもたちとは、まるで違った展開になるでしょう。

3 聞こえてくるよ子どもの声が、見えてくるよ子どもの顔が

　教材研究のときの感覚を大切に、目の前の子どもたちを想定しながら授業に臨むと、子どものつぶやきが必ず聞こえてきます。もしかしたら机間巡視をしているときに、ノートの記述から発見するかもしれません。

　あれ、おかしいな、こんなはずないのにと思いながら実験中に首をかしげている子や、自信をもって「これでいい！」と猪突猛進ぎみに進む子の姿も見えてきます。子どもの姿をシミュレートしながら授業をつくることの大きな効果は、授業中に子どもの姿が見えてくるようになることです。子どものつまずき、高揚感、達成感を当事者として一緒に感じられる幸せ、これが子どもを主軸に授業づくりをした教師だけが感じられる喜びです。うまくシミュレートできないと感じる先生も心配はいりません。子どもたちと教師は少しずつ時間をかけながら、だんだんと合うようになっていきますから。

② 問題解決の流れをつくろう

1 問題を科学的に解決するのが理科の授業
2 「振り子の運動」のように、小さな問題の解決が大きな問題の解決につながるような問題解決の流れもある
3 問題解決の流れにはさまざまなパターンがある

1 問題を科学的に解決

小学校の理科の目標には「自然に親しみ、理科の見方・考え方を働かせ、見通しをもって観察、実験を行うことなどを通して、自然の事物・現象についての<u>問題を科学的に解決</u>するために必要な資質・能力を次のとおり育成することを目指す」（下線部は筆者）とあります。

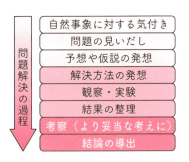

問題解決の過程
- 自然事象に対する気付き
- 問題の見いだし
- 予想や仮説の発想
- 解決方法の発想
- 観察・実験
- 結果の整理
- 考察（より妥当な考えに）
- 結論の導出

問題を科学的に解決することを通して、知識及び技能を身に付け、問題解決の力を育て、学びに向かう力、人間性等を涵養するのです。すなわち、単に知識や技能を子どもに伝えるだけでは目標とは合致しません。

山登りに例えるなら、頂上からの景色を見せるだけではなく、岩場や森の中を抜け、滝に目を奪われながらようやくたどり着いた場所として、頂上からの景色を楽しませたいのです。授業をつくるときには、頂上の景色だけでなく、どのような道筋を通っていくと頂上にたどり着くのかを同時に考えていくことが大切です。

子どもたちは、目の前の事象から問題を見いだし、日常生活や学習したことを根拠に予想を立てます。予想を検証するために実験を計画し、実施します。実験の結果から検証できたこと、できなかったことは何かを整理し、考察を行い、結論を導きだします。その結論にあたる部分が、知識となっているものが多いです。予想や考察、実験の計画など、問題を科学的に解決していく際の手

続きそのものに価値を感じることも大きな目的です。

2　大きな問題解決と小さな問題解決

　一口に問題を科学的に解決するといっても、いろいろなものがあります。ここでも第5学年「振り子の運動」を例にして考えてみましょう。

　まずは、問題解決の大きさです。油粘土とたこ糸で作った自作振り子を使って、聴こえてくる曲のテンポに合わせていると、テンポの違う2つの曲に合わせることができました。何を変えたらうまくいったのかがつかめない状況で、子どもたちは「振り子が1往復する時間に何が関係するのだろうか」という問題を見いだします。これは、単元を貫く大きな問題となります。この問題が科学的に解決されれば、単元の学びはゴールを迎えるほどです。

　その大きな問題の中に、一つ一つの条件を確かめるための小さな問題があります。その1つが「振り子の長さは振り子が1往復する時間に関係があるのだろうか」です。この問題のほかに「おもりの重さ」「振れ幅」に関する問題があり、これらの小さな問題が科学的に解決されていくたびに、大きな問題が解決に向かうという関係になっているのです。

3　問題解決の流れにもいくつかのパターン

　問題をどのように解決していくのかにもいくつかのパターンがあります。「振り子の長さは振り子が1往復する時間に関係があるのだろうか」という問題であれば、関係があるのかどうかを、糸の長さを変えながら検証していきます。

　その後、振り子の長さが、振り子が1往復する時間に関係があることが結論として導きだされた後、発展的に「振り子の長さは、振り子が1往復する時間にどのように関係しているのか」という問題を見いだした場合、振り子の長さと振り子が1往復する時間との関係を、実験結果を集めながら調べていくことになります。このように、問題解決の様相が変わっていくこともあります。

　この他にも、「生活場面のどのようなところで振り子のきまりが生かされているだろうか」という問題を見いだした場合、生活場面の中から、振り子のような動きをしているものを探していくという発展的な展開も考えられます。メトロノームや振り子時計などに目を向けて、振り子の長さをうまく変えて時計の進み方を合わせる仕組みを見つけたり、おもりの位置を変えてテンポを曲に合わせる仕組みを見つけたりしていく活動が考えられるでしょう。

第3章 理科の授業づくり

「自然事象に対する気付き」がもてる導入とは?

1 子どもたちを理科の世界にいざなう導入にしよう
2 「あれ?」と違和感を覚えるような事象提示
3 「はっきりしないから、はっきりさせたい」という思いから、気付きが生まれる

1 子どもたちを理科の世界に

　授業づくりにおいて、導入は子どもたちを理科の世界にいざなう大切な時間です。ときに緩やかに、ときに急激に理科の世界に引き込んでいきます。「あれ？おかしいな」「なんだか深く考えてみたくなったな」「え？　どうなっているの？」そんな思いが子どもたちのなかに生まれたら最高です。やってみたい！調べてみたい！　という子どもたちの好奇心を刺激するような導入を考えてみませんか。
　ここでも第5学年「振り子の運動」を例に考えてみましょう。まずは、振り子と形状が似ているものを探してみると、公園にあるブランコ、振り子時計などが挙げられます。また、形状は似ていないけれど、仕組みを利用しているものとして、メトロノームがあります。このようなものを使って、調べてみたいなと思わせる導入にしていきましょう。

2 導入に必要なのは「違和感」

　導入に必要なものは、ちょっとした違和感です。そのためには、子どもたちが知っていて、見たことがあるような、身近なものから入るのがよいです。「振り子の運動」ならばブランコです。上級生と下級生、どちらが乗っても1往復の時間は同じでしょうか。後ろの方から乗っても、前の方から乗っても、同じような動きをするでしょうか。ブランコに乗ってみたり、ブランコに乗っている映像を見たりするとどうでしょう。「あれ？　どうだろう。確かめてみたいな」

という思いになるはずです。

　油粘土とたこ糸でつくる自作振り子を使った簡易メトロノームも同じです。こちらは、みんなで体験することによって、それぞれの考えのズレを生んでいきます。いくつかの要因が絡み合っていることによって、はっきりさせたいという気持ちが芽生えるのです。ブランコでも、簡易メトロノームでも、その導入での体験ですべてが見えるのではなく、現象としては見えているのに、はっきりとは見えないというものがよいでしょう。だからこそ、そこから見つけた気付きをもとに、子どもたちは問題を見いだしていくのです。

　上級生と下級生がブランコに乗っているのを見て、1往復の時間が同じに見える子どもと違って見える子ども。そもそも、上級生と下級生の差は何か、大きさも重さもある……。子どもたちから気付きが聞こえてきそうです。

　簡易メトロノームでも、曲に合わせてテンポを揃えたけれど、何を変えるのが効果的だったのかは、はっきりしない。子どもが手元に感じた感覚から、気付きが生まれていきます。

3　はっきりしないから、はっきりさせたい

　さまざまな資料を調べると、子どもの「調べてみたい」「やってみたい」を引き出すような優れた導入がたくさん見つかるでしょう。

　大切なことは、「はっきりしないから、はっきりさせたい」という思いを子どもたちから引き出すことです。そのような体験を通して、事象に起こる変化を比べることができたとき、「〇〇かもしれない」という気付きが生まれます。

　そのためには、変化を感じ、比べて、考えを表現することができるような場の設定を行いましょう。

　変化を起こすタイミング、その変化を比べるための方法、気付きをどのように表現するのか、そしくその気付きをもとに問題を見いだすためにはどうするか、それらがつながってくると素晴らしい導入になります。その時間は、子どもたちが理科の世界に一歩足を踏み入れた大切な時間となっていることでしょう。

　難しいと感じる先生は、まず資料や教科書に載っている導入を、目の前の子どもたちに合わせてアレンジするとよいです。子どもたちの気付きを引き出すことに注力してみましょう。

4 「問題の見いだし」をするための工夫とは？

1 「問題の見いだし」は、問題解決のスタートライン
2 はっきりさせたいという思いを引き出す工夫
3 「なぜ？」から検証可能な問題にしていけばよい

1 「問題の見いだし」は、はじめの一歩

　問題を科学的に解決するという「問題解決」のはじめの一歩は、「問題の見いだし」です。もちろん、その前に事象との出会いがありますが、そこから見いだされた問題をもとに問題解決が始まるのです。

　もし子どもたちが問題を見いださないとしたら、問題は誰かから与えられることになります。与えられた問題を解決する、つまり、他人事の問題解決を行うことになるのです。しかも、その問題はどこかで誰かが解決したものかもしれません。子どもたちはそのような問題に主体的に取り組むことができるのでしょうか。

　3年生、つまり理科を学び始める段階で「問題を見いだす」ことを大切にする理由はそこにあります。3年生のはじめから、自分たちだけで問題を見いだすことができるはずだということではなく、3年生から始めて、だんだんと学年が上がっていくにつれて、サポートなしに問題を見いだせるようになっていくことが大切です。

2 問題を見いだすための工夫

　問題とは何か、まずはこのことを子どもたちと一緒に考えていく必要があります。クイズの問題でも、算数の問題でもなく、社会問題でもありません。観察・実験などを通して科学的に明らかにしていくべきもの、これが理科でいう「問題」です。

前節でも述べましたが、問題を見いだすときに必要なものは、ちょっとした違和感です。そして、調べたい、はっきりさせたいという子どもの思いです。はっきりさせたいことがあれば、自ずと問題が見いだされていくでしょう。

　第5学年「振り子の運動」を例に、問題が見いだされる場面を見ていきましょう。

> Ｔ：簡易メトロノーム、うまくいったよね。
> Ｃ：ゆっくりした曲でも、はやめの曲でも合わせることができた。
> Ｔ：何がよかったのかな？
> Ｃ：うーん、そこが問題なんだよね。僕は振り子の長さだと思うんだけど、Ａさんは、おもりの重さも関係があるって言うんだ。
> Ｃ：そうそう、スタート位置※を変えても振り子の動きは変わったから。
> 　※まだ振れ幅という言葉を伝えていないため、振れ幅を指していると思われる。
> Ｃ：何がよかったのかが、あいまいなんだよね。
> Ｔ：では、はっきりさせたいことは何だろう？
> Ｃ：振り子のテンポ（1往復する時間）に影響を与えているのは何か、かな。

　このように、自然事象の変化を目の当たりにし、比べたことをもとに気付きを引き出すうちに、ズレが生じてはっきりさせたいことが見えてきます。そして、問題の見いだしへの流れができます。

　ここで示したのは、学級全体で気付きを出し合うことで問題を見いだした例です。みんなで問題を見いだす過程を経験することで、どのような流れで問題を見いだすのか、問題を見いだすには、比較したり、差異点や共通点をもとにしたりするとよいことなどを確認し合うことができます。

3 「なぜ」から始まることもある

　子どもが問題を見いだすとき、「なぜ」や「どうして」を使うことがあります。その場合、なかなか観察・実験で検証することができない問題になりがちです。しかし、例えば「なぜ天気は予想できるのだろうか」という問題は、「どのようにして、天気を予想しているのだろうか」と言い換えることができます。「なぜ」がダメなのではありません。「なぜ」を使った問題がどのようにしたら検証できるものになるのか、一緒に考えるとよいでしょう。

5 「予想や仮説の発想」では根拠を明確に

1 「予想や仮説の発想」には、明確な根拠が不可欠
2 生活経験・既習事項・共通体験などを根拠とした予想や仮説を学級で共有しよう
3 言葉だけではなく、絵や図を使った説明もおすすめ

1 「予想や仮説の発想」では根拠が大切

　見いだされた問題に対して、子どもたちが自分の考えを表現します。これが予想や仮説です。この予想や仮説に仲間とのズレが生じたり、あいまいさが残ったりするからこそ、観察・実験が必要となってきます。予想や仮説がなければ、観察・実験を行えないといっても過言ではありません。観察・実験は、予想や仮説を検証するという目的をもった活動なのです。だからこそ、予想や仮説の発想は、問題を科学的に解決する流れにおいて重要といえます。

　予想や仮説においては、根拠をはっきりさせることが大切です。どうしてそのように予想したのか、その予想や仮説のルーツをはっきりとさせることで、観察・実験で検証すべきことも明確になります。当てずっぽうやなんとなくではなく、その予想を支えている考えを表現できていることが大切です。

2 主な根拠は生活経験・既習内容・共通体験

　子どもが予想を立てる際の根拠、それは主に3つあります。

　まずは、生活経験です。子どもが生活をしていて、目にしたものや体験しているものをもとに予想するとき、生活経験が根拠となります。

　次に、既習内容です。過去に学習したことをもとにして予想を立てることも多くあります。

　最後に、目にしたことや感じたことです。問題を見いだす前の自然事象との出会いで体感したこと、それをもとに予想することも多くあります。

これら3つの根拠ですが、より明確にしていくための方法がいくつかあります。

まず、生活経験を根拠に予想する場合に、学級でその根拠を共有していく際、個人的な経験であることが多いため、その状況をできる限り鮮明にする必要があります。イラストに表すなど、視覚化することも有効でしょう。

次に、既習内容を根拠に予想する場合ですが、共通の経験があったり、共通認識になっていたりすることが多いので、子どもたちの理解を図るのは比較的簡単です。根拠が明確になりやすいともいえます。授業ではその場面を思い出すことができるような声かけや、これまでに学んだことのどの部分を使って根拠としたのかなどと問い返すことが大切です。

最後に、見たことや体感したことを根拠に予想する場合ですが、最近の記憶なので共有しやすい一方、注意も必要です。既習事項とは異なり、曖昧さが残っている状態だからです。ある子どもにはそのように感じたとしても、他の子どもはそう感じない可能性もあります。個々の感覚は異なるため、どのように感じたのか、どのように見えたのかをしっかりと聞いた上で、感じたことと予想したこととがどのようにつながっているのかを説明できる機会を与えるとよいでしょう。

仲間の予想や仮説との間に対立やズレが生じることがありますが、ここで1つにまとめる必要はありません。それぞれの予想や仮説を認め合い、尊重する姿勢を大切にしましょう。

3 ときには言葉にならないことも

予想や仮説を発想する場面では、子どもの安心感が鍵となります。「こんなこと言ったら笑われるかもしれない」と考えると、予想を伝えるのが難しくなるでしょう。学級の心理的安全性が保たれることが、予想や仮説を発想し、表現するためには必要です。逆にいえば、予想や仮説の時間を豊かにしていくことは、学級の心理的安全性を保つことにつながるかもしれません。

そこで、予想や仮説を発想する際には言葉に限らず、図や絵を使用するという方法もおすすめです。特に水溶液などの学習では、子どもの考えを図にするイメージ図も有効です。いずれにせよ、表現する手段を子どもが選択できることが、予想や仮説の発想を助けることにつながるでしょう。

6 問題、予想や仮説を踏まえて「解決方法の発想」をしよう

1 何を明らかにしたいのか、そのためにはどんな観察・実験が必要？
2 問題、予想や仮説を念頭に、検証計画を立てよう
3 丁寧な計画が、実験中の正確な視点につながる

1 何を明らかにしたい？

　いよいよ「解決方法の発想」をする場面です。問題を科学的に解決していくために、観察・実験をどのように行うべきかという方法を子どもたちが決めていく過程です。何がはっきりすれば、自分たちが考えた予想や仮説が検証されるのか、観察・実験にどのような器具を使うか、観察では「いつ、どこで、どのように」行うかという点も大切です。

　実験器具の使い方や特徴、危険性や事故を防ぐための注意点などは、教師がきちんと伝えるべきことです。ここで子どもたちが考えるのは、何を明らかにしたいのか、そのためにどんな観察・実験が必要なのか、どのような結果の見通しをもてるかについてです。条件をどのように制御すべきかなど、理科の考え方も働かせる必要があるでしょう。

　予想や仮説を発想する場面では、仲間の予想や仮説との間に対立やズレが生じることもあったでしょう。この対立やズレが、観察・実験で明らかにすべきことを焦点化し、そのために必要な検証計画の立案へとつながっていくのです。

2 検証計画を立てる手順

　検証計画を立てる際には、問題、予想や仮説の両方を頭に置いて考えなくてはなりません。
　第5学年「振り子の運動」を例に考えてみましょう。
　子どもたちが見いだした問題は、「振り子の振れ幅は振り子が1往復する時間

に関係するのだろうか」です。子どもたちの予想は2つに分かれました。

1つは「振れ幅は振り子が1往復する時間に関係する」という予想。予想の根拠は、導入でつくった簡易メトロノームの振れ幅を変えたとき、おもりがゆっくり動いたり、速く動いたりしているように見えたから。振れ幅の変化が1往復の時間に変化を与えたと考えました。

もう1つは「振れ幅は振り子が1往復する時間に関係しない」という予想。予想の根拠は、振れ幅が大きいときに振り子のスピードは速くなっているが、振れ幅も大きくなっているため、1往復にかかる時間は同じになるから。速く動いたとしても、1往復にかかる時間は変化しないと考えました。

ここで確かめることは、振れ幅を変えたときの1往復の時間です。他の条件を制御して調べることが大事であることを子どもたちに気付かせたいです。検証すべきこと以外は同じにしないと原因を特定できないという気付きをもてるようにしましょう。変化させてよいのは振れ幅だけであること、そしてその振れ幅をどのように変えるのかを考えることが大事です。さらに、結果をどのように得るのか、目視か動画か、測った時間か、いくつかの方法が考えられます。どのような器具が必要となるのかについては、子どもが先生に相談して決めたり、先生から提案したりしてもよいでしょう。

3 実験中の子どもたちの視点

先ほど述べたように、予想や仮説の根拠を明らかにする際、振り子のおもりが動くスピードについて、子どもから意見が出ました。実験中、子どもたちはその振り子の動きとともに、1往復の時間が振れ幅によって変化するのかという点に着目するでしょう。子どもたちが表現したように、振り子のスピードが変化するのか、スピードが変化した場合、1往復の時間に影響があるのか、ないのか。

これは、予想の根拠が示され、子どもたちが考えの共通点と相違点を明らかにした上で、解決の方法を発想したからこそ出てきた視点です。学級の財産ともいえるでしょう。その様子を動画などで記録することで、この後の考察にも生かすことができると考えられます。

7 「観察・実験」中の子どもの思考に注目しよう

1 観察・実験中は、子どもの声に耳を澄ませて
2 観察・実験が思うようにならないときこそ、
　次の学びにつなげるチャンス
3 観察・実験には失敗もなければ成功もない

1 観察・実験中は子どものそばで

　観察・実験は、問題解決の中心であり、予想や仮説で子どもたちが表現したものを検証するための目的をもった活動です。

　観察・実験の間、子どもたちはどのような結果になるのかドキドキしていることでしょう。自分が予想したとおりの結果になるのか、それとも、仲間が予想したような結果になるのか。

　観察・実験をしているとき、目の前で自然事象は変化を起こしていきます。その変化をとらえるべく、子どもたちは自然事象を見つめています。先生はその様子を黒板の前からではなく、子どもたちのそばで見守りましょう。見守っていると、子どもたちからつぶやきや感嘆の声がもれます。その声こそ、理科の授業で大切にしたい声です。

　子どもたちは、ときには先生も、観察・実験中は目の前の自然事象に夢中になります。そのとき、子どもたちに答えを指し示すのは、先生ではなく目の前の自然事象です。例えば、振り子の学習をしているときには、振り子が「教える」のです。

　そのとき、先生は子どもの近くで、子どもの声に耳を澄ませてください。子どもたちは、驚いたり、喜んだりしながらも、自分の考えを表現しています。「これってもしかして〇〇かな？」「次は△△で確かめたらいいんじゃない？」などなど。その声を記憶しておいて、実験後に結果をまとめる際には、その声をもとに子どもたちの考えを引き出します。それが考察につながるでしょう。

2 観察・実験が思いどおりにならなくても

　観察・実験では、想定していないことが起こるかもしれません。危険な場合はすぐに中止しなければなりませんが、安全が確保されているのであれば、子どもと一緒にその様子を見守ります。

　そこで、焦って実験を止めたり、やり直したりすることは避けましょう。学級全体の合意によって設定された実験だからです。先生は次の一手を考えながら、子どもの声を聞いていてください。子どもたちも次第に実験が想定した結果を示さないことに気付き始めるでしょう。もし、子どもたち自身が実験方法の改善について考えられるのであれば、それは大きな成果です。検証すべきことをしっかりと認識している証といえるでしょう。さらに、より正確な結果が出るように改善できるのであれば、実験方法が子どものものになっているだけでなく、それが更新できる状態になっているということです。

　1時間余計に時間をとるかもしれませんが、価値ある1時間といえます。子どもたちをたくさんほめて、先生も子ども自身も共に成長を実感する時間となるでしょう。次に行う観察・実験は、単なるやり直しではなく、前回の振り返りをもとに更新された観察・実験です。どうして前回と違う結果となったのかを考えることができます。この経験は今後、解決方法を発想する際に大いに役立ちます。それだけでなく、想定を超えた結果になる際に、次にどのようなことをすればよいか落ち着いて考えるための経験則が身に付くのです。

3 観察・実験には失敗も成功もない

　観察・実験は、子どもたちが考えた予想や仮説を検証するものです。例えば、値が小さすぎたり、大きすぎたりして、比較したいことが比べられなかったとしても、それは失敗ではありません。その方法では確かめることができないということがわかったのです。これは、次に方法を更新する際の目安となるはずです。だからこそ、その場合もしっかりと値を記録するとよいでしょう。

　また、観察・実験の結果を得ることができても、それは成功とは呼びません。その方法で結果を得ることができたというだけです。大切なのは、その後です。その結果から何を読み取るのか、何が確かめられて、何が確かめられなかったのかをしっかりと読み取ることが大切なのです。

「結果の整理」では結果と考察を混同していないか注意!

1 問題を科学的に解決するために、結果をみんなで吟味
2 子どもたちに、結果を整理する目的を伝えよう
3 結果と考察を混同しそうになったとき、
  結果に立ち戻れるような声かけを

1 観察・実験の結果を吟味

　観察・実験を終えたら、その結果をもとに考察し、問題に対する結論を導きだしていきます。

　考えたことを目の前で証明したり（実証性）、何度も同じような結果を得たり（再現性）、どのグループや個人が行っても同じような結果が出たり（客観性）する中で、子どもたちが考えたことをより確かなものにしていく、これが観察・実験の大きな役割です。

　小学校の理科では、子どもが問題を科学的に解決することを大切にしていますが、この「科学的」（実証性、再現性、客観性）にするための活動が、観察・実験です。だからこそ、結果をみんなで吟味することが、理科の授業の核となるのです。

2 まずは結果を整理する目的を共有

結果の整理よりも考察を優先してしまう子どもたち

　観察・実験を行っているときに、子どもたちからはたくさんの声が漏れ聞こえてきます。子どもたちは、観察・実験で起こる変化を目の当たりにしながら、結果の読み取りを行っているのです。観察・実験中に起こる変化こそが、結果だからです。見通しをもって観察・実験をしている子どもたちは特に、自分の立てた予想どおりの結果になっているのかそうでないのかを、目の前の自然事象から読み取っています。だからこそ、観察・実験を終えた後に「みんなどう

だった？」と結果を尋ねたとき、子どもたちからは「予想と違って〇〇だったから、もう少し考えを修正しなくてはいけない」などと、考察のようなつぶやきが次々に出てきます。子どもたちは観察・実験の結果を飛び越えたくて、あえてそうしているわけではなく、みんなと自分の考えについて語り合いたいという気持ちが先行しているからではないかと考えます。

結果を重んじる姿勢

　実験を終えた子どもたちに、まずは結果をまとめておくように伝えましょう。子どもたちに結果の整理を促すためには、目的を伝える必要があります。他のグループとの結果の比較を行うため、または、記録した結果をもとに考えるため、まずは結果を整理したいのです。そのことを子どもたちと共有しておくことが大切でしょう。そして授業中に、教師も板書などに記録された結果をじっと（15秒ほど）見て、「なるほど、そうなったんですね」と確認するなど、結果を重んじる姿勢を見せます。そのような教師の姿勢を示すことが、結果を大切にする子どもたちの態度につながります。

3 結果と考察を混同しそうになったときは

　結果を整理してほしい場面なのに、考察を通して子どもたちが考察を伝えてきたとき、教師はどうしたらよいでしょうか。そんなとき、先生は焦らずに「いいね。でも、まずはみんなで結果を整理してからにしようね」と伝えてもよいでしょう。もしくは、「あら、そうだったんだね」と言って、黒板の別の場所にそのことを書いておいて、「これは、後からじっくり考えていくときに使いますね」と伝えるのもよいです。子どもの発言は無駄にしないこと、そして、考察は後から行うことを伝えるようにします。「この考えは、どの結果から出てきたの？」と聞いて、自然と結果の整理の方に話題を戻していくのもよいでしょう。

　先ほど述べたように、子どもたちは、見通しをもってのめり込んで問題解決をしているからこそ、つい考察を先に言ってしまうのだと考えられます。そんな子どもたちのやる気は認めながらも、結果の整理が考察の素地につながることを伝えた上で、観察・実験の後には結果の整理をすることを習慣化していくようにしましょう。

9 「考察」は予想に立ち返りながら

1 予想と観察・実験の結果を照らし合わせることが大切
2 予想時の記述を振り返ることができるような工夫を
3 あらかじめ結果の見通しをもっておくと考察しやすい
4 子どもたちが結論の妥当性をじっくり吟味できるように

1 考察では、予想と結果を照らし合わせて

　観察・実験を終え、結果を整理した後に行うのが「考察」です。考察では主に、自分たちが予想したことが、観察・実験によって検証されたのかどうかについて考えていきます。ここでも「科学的に」ということが大切です。結果をよく見て、予想したことが実際にはどうだったのか（実証されたのか）、それはどのグループの結果を見ても言えそうなことか（客観性があるか）、何度やっても同じような結果になりそうか（再現性があるか）という点を踏まえて考えます。
　観察・実験は予想や仮説を検証するために行っているものなので、自分たちが予想や仮説で考えたことに立ち返り、結果と照合したときに、どこが予想と同じで、どこが違っていたのかについて考えます。もちろん、予想や仮説を発想するときには、想定していなかったことが結果として起こり、そのことについて考えることもあるでしょう。考察は、結論を導きだしたり、次の問題を見いだしたりするときに必要となるものです。

2 予想時の記述を振り返りながら

　自分たちがどのように予想をしたのかについて、もう一度立ち返るために、予想で記述したことを見ることも大切です。予想や仮説の場面で、仲間とのズレが生じることが多いので、自分自身の予想だけでなく、自分の考えとは違う、仲間の予想についても振り返る必要があります。板書の記録などを残しておき、子どもが戻ることができるようにするといった工夫も大切です。自分たちの予

想はどうだったのかを確認する際には、それぞれの予想を頭に置きながら考えることを子どもたちに促しましょう。

3 あらかじめ結果の見通しをもとう

　観察・実験の結果と予想したことを照らし合わせていくとき、予想時の考えのとおりであればどのような結果になるのか、そうでない場合はどのような結果になるのか、見通しをもっていれば考察しやすくなります。解決方法を発想する際には、その点にも留意をしておくとよいでしょう。

　第5学年「振り子の運動」で、「振り子の長さは振り子が1往復する時間に関係するのだろうか」という問題には、「関係する」という予想と「関係しない」という予想があります。「振り子の長さは振り子が1往復する時間に関係する」と予想した場合、10cm、20cm、30cmと長さを変えたときに1往復の時間は変わっていくという予測が立ちます。反対に、「振り子の長さは1往復する時間に関係しない」と予想した場合、振り子の長さを変えても1往復の時間は変わらないと予測します。自ずと子どもたちは、振り子の動きとストップウォッチに示される時間に着目するでしょう。

　振り子の長さを変化させたときに、1往復の時間はどのグループも少しずつ変化したという結果を確認し合います。ここからが考察です。この結果を見て「関係する」といえるのか、「関係しない」といえるのかを考えるのです。このとき、結果をしっかりと見て、子どもが自分で考える時間をとることが大切です。

4 子どもたちが結論の妥当性を吟味する時間

　先ほどの「振り子の運動」の例でいうと、考察を通して子どもたちは、この1往復の時間の変化は「振り子の長さは振り子が1往復する時間に関係する」といえそうだという結論に近付いていきます。どうしてそのように結論付けられるのかを個々が考え記述していくことで、結論にできるかどうかを吟味する時間となります。

　それと同時に、予想の根拠として出ていた振り子が移動する距離の変化や、予想時には話題にならなかった1往復の時間の変化の仕方について考える子どもも出てきます。予想時には出なかった新たな視点が生まれ、次の問題につながったり、個々がさらに深めたいことにつながったりします。このような発展的な考えも、子どもが考察したこととして認め、称賛しましょう。

10 問題に正対した「結論の導出」を

1 問題は何だったのか、もう一度意識を向けて、結論の妥当性を考えよう
2 問題に正対した結論を導きだすために声かけを工夫
3 黒板の結論を丸写しせず、自分の言葉で書けるように

1 問題に立ち返って結論の妥当性を吟味

　結論を導きだすときには、問題が何だったのかにもう一度意識を向けることが大切です。観察・実験を終えたときは、その様子や結果から新たに見られた変化に気持ちがいってしまったり、次に考えたいことについて話そうとしたりすることがあります。次の問題に向けた新たな気付きや、「もしかしたら○○かもしれない」といった、予想や仮説にも似たような考えが結論に混ざってしまうこともあります。新たな気付きや次の問題につながりそうな考えが生まれるのは自然なことです。

　しかしながら、まずは結果をもとに考察し、問題に対する結論を出すことが大切です。まずは、これまでの過程で考えてきたことを子どもたちが整理できるようにしましょう。「問題として取り組んできたことは何か」と投げかけることで、問題が解決されたことを明確に表すには、考えてきたことをどのように整理したらよいかと考え始めます。このときに、結論としてはっきりといえることと、はっきりとはいえないけれど次に確かめていくべきことを子どもたちが分けていきます。結論としての妥当性を考える姿です。

　結論は、最初に見いだした問題の答えに当たるものです。問題解決のスタートに掲げた問題に対して、ゴールで結論をまとめること、これが問題解決の過程を決定付けるのです。そして、結論をまとめた後に、それ以外にまだ深めたいこと、考えを広げたいことを話題にするなど、子どもたちの発言や記述を整理することが重要です。

2 結論を導きだす過程で伝えるべきことは

第3章6でも例示したように、第5学年「振り子の運動」で「振れ幅を変えると振り子が1往復する時間は変わるのだろうか」という問題に取り組む際、振れ幅を変えたときの振り子の速さに子どもが目を向けることがあります。おもりの動くスピードについて考えを深めていくのは、とても面白いことです。

しかし、ここでは「みんなが取り組んできた問題は何だったかな？」と投げかけることで、まずは、問題と正対した結論を出すことに焦点が当たるようにしましょう。この場合、問題は「振れ幅を変えると振り子が1往復する時間が変わるのかどうか」なので、結論は「振り子の振れ幅を変えても振り子の1往復する時間は変わらない」となります。

この結論がまとめられた後であれば、気になっていた振り子の速さを話題にしてもよいと思います。速さについては、全員が着目して測定したわけではないので、「振れ幅が大きくなるにつれて、おもりの動きは速くなりそうだ」といった共通理解にとどまり、結論として確定したものにはできません。

おもりの速さに着目することは、「振れ幅を変えても振り子が1往復する時間が変わらない」ことについて考えを深めていくことにもつながるので、結論とすることは難しいですが、称賛し、考え続けることを奨励してもよいでしょう。

3 結論は自分の言葉で

結論を導きだす際には、たとえ語順や伝え方が違ったとしても、内容がまとめられていればよいです。問題解決の過程で、残してきた記述や結果の記録をもとに、子どもが自分で結論をまとめられるように促していきましょう。単元が進むにつれて、自分の言葉で書くことができる機会を増やすなどの工夫をしくいくことも大切です。

教師は、学級として共通理解を図った結論を黒板に書きますが、それは結論の代表、まとめ方の見本のようなものなので、個々の子どもが書いた結論をすべて消して丸写しさせるようなことはしません。同じような内容を示す結論になっているか照らし合わせながら、修正が必要かどうかを子ども自身が検討するようにしましょう。そうすることで、考察から結論を導きだす力が高まります。

11 「振り返り」では再び自然事象に当てはめて

1 「振り返り」は、自分の学びを俯瞰できる機会
2 問題解決ごとの振り返りと単元を終えての振り返りはどちらも有効
3 単元の終末には再び日常生活に立ち返る

1 自分の学びを俯瞰する「振り返り」

　子どもたちが問題を科学的に解決した後には、「振り返り」を行う機会をとることも大切です。問題解決の過程や単元全体を俯瞰しながら、学んできたことの流れを振り返ることができるようにします。

　理科の授業でどのようなことが身に付いたのかをとらえ、知り得たことが、これまで知っていたこととどのようにつながっているのかを考えます。これが、知識の概念化につながります。

　また、問題解決の過程で、どのようなことを予想し、それをどのように検証してきたのかを確認することで、考えが変わったきっかけや、考えを深めるのに予想や考察がどう寄与したかをとらえることができます。

　さらに、学んだことが日常生活ではどのように生かされているのかを考えることも、学びを実感したり、目の前の自然事象への興味を広げたりすることにつながります。

2 問題解決ごとの振り返りか、単元全体の振り返りか

問題解決ごとの振り返り

　問題解決ごとに振り返りをする場合、限られた時間で行うことになるでしょう。振り返りの視点を例示することで、子どもたちが振り返りやすくなります。その例示の数やタイミングを徐々に減らしていくことで、その子らしい振り返りができるようになっていくとよいです。振り返りの視点には、結論の内容に

着目する内容面での振り返り、問題と結論を対比させる学び方の振り返りなどがあります。問題解決の過程が結論まで至ったところで、振り返りを行うのが有効でしょう。

単元全体の振り返り

　単元を終えて振り返りをする場合は、単元全体を俯瞰することができます。何度も行われた問題解決を通して獲得してきた知識がどのように関連しているのかをとらえることで、これまで学んできたことをより深く理解することができるでしょう。

　本章で繰り返し例示してきた第5学年「振り子の運動」のように、3つの問題解決を通して、「振り子が1往復する時間は何に関係しているのか」という1つの大きな問題を解決していく単元もあれば、第6学年「人の体」のように、問題解決のたびに少しずつ体の仕組みと働きが理解できるようになる単元もあります。それぞれの単元の特徴に合わせて、学んできたことを地図のように表したり、構造図のように表したり、目次に表したりするような方法もよいでしょう。子どもたちが楽しんで取り組むことができそうです。振り返りをすることが楽しい、もっと振り返りをしたいという気持ちになるような工夫も必要です。

　子どもが振り返りを強いられていると感じたり、振り返りが形だけのものになったりしないよう、自己効力感と高揚感をもてるような振り返りを目指しましょう。

3 再び身近な自然事象に当てはめると

　単元を終える際に、学んだことを日常生活で目にする自然事象に再び当てはめてみることで、学びをより実感することができます。今まで何気なく見ていたことの仕組みが理解できたり、見えていなかったものに目が向くようになったり、自分に起こる変化が実感できるような振り返りになるでしょう。

　そのためには、単元の導入において、身近な自然事象を教材として取り上げることが効果的です。例えば、公園にあるブランコから「振り子の運動」の学習を始めたならば、単元の終末にもブランコの揺れ方について再び考えるような振り返りを行います。このようなことが習慣化してくると、子どもたちは自ずと問題解決あるいは単元ごとに、導入で扱った自然事象に立ち返りながら振り返りを行う姿勢を身に付けていくでしょう。自分自身の学びを実感したり、その喜びを味わったりすることは、次の授業への意欲にもつながります。

Column

子ども自身が
学び方を振り返る場面をつくろう

　問題を科学的に解決することを通して、知識や技能だけではなく、本章で述べてきた問題解決の過程そのもの、つまり学び方も身に付けていきたいです。

「この授業では、子どもが予想や仮説を発想するところを大切にしよう」というように、先生が重点をおきながら授業づくりをしていくことは大切ですが、それだけではなく、問題解決の過程で予想や仮説がどのような働きを示しているかを確認するなど、子ども自身が学び方を振り返る場面をつくるようにしてみましょう。

　何もないところから予想や仮説を発想することはできません。子どもたちが目の前の自然事象から得た気付きがもとになっています。では、予想や仮説を発想した後はどうでしょうか。予想や仮説を検証するために観察・実験を計画します。予想や仮説がなければ、観察・実験を行うことはできないのです。

　先生がそれを理解して丁寧に授業づくりをしていても、子どもたちが問題解決の過程に意味を感じ、それを使いこなすまでには少し手立てが必要でしょう。その手立てとなるのが、自分の学び方を振り返ることです。時々「あれ？　予想は出揃ったけど、この後どうすればいいかな」などと聞いてみましょう。このような働きかけをすると、問題解決の過程そのもの、つまり学び方を意識するようになります。

　さらに、単元の終末に新たな問題をいくつか見いだしたとき、1人で問題解決を行う機会をつくってはどうでしょうか。夏休みの自由研究などで行ってみてもよいでしょう。そこで参考になるのは、これまで子ども自身が行ってきた問題解決の過程です。

　このように、子ども自身に問題解決の過程への振り返りを促しながら、学び方に意味を見いだせる自立した学習者に育てていくことが大切です。

第 4 章

理科の指導技術

1 安全な観察・実験のために必要なこと

1 事前の準備と予備実験、子どもへのわかりやすい伝え方が大切
2 野外観察をするときは、必ず現地調査をしよう
3 事前の準備は他の先生とチームを組んで

1 必ず予備実験を

　第2章6でも述べていますが、子どもたちと実験をする前日までに、教師は必ず同じ実験器具で同じ実験をしておきましょう。器具の使い方や手順を確認しながら実際にやってみることで気が付くことがあります。教科書やその解説書に安全指導について書かれているので、まずはそれを読んで理解することが大切です。しかし、実際にやってみると書いてあるとおりにいかないこともあります。教科書に載っている器具が学校にないことも、数が足りないこともあります。

「前日までに」と述べましたが、理想としては単元に入る前にその単元すべての実験をやっておくとよいです。そうすれば、見通しをもって学習を進めることができるだけでなく、足りないものがあった場合に補充することもできます。「実験したらどうなるか結果は知っているから大丈夫」「去年同じ実験をしたから大丈夫」という心の隙が事故につながることもあります。たとえ事故にならなかったとしても、準備や手順の説明不足で子どもたちが結果をうまく出すことができず、もう一回実験することになるなど、必要以上に時間がかかってしまう場合も考えられます。子どもたちの安全と学習の充実のために、事前の実験は必ず行いましょう。

　実験の手順や器具について子どもたちに説明するとき、口頭ですべてを伝えるのは難しいです。安全への理解が曖昧な状態では事故につながります。実物を見せながらどのように使うのか、何をすると危険なのかを説明していきまし

ょう。器具の使い方を写真に撮って掲示したり、手順を各端末に送っていつで
も見られるようにしたりするという工夫も考えられます。事前の準備と具体的
でわかりやすい伝え方によって、安全で充実した実験を行うことができるのです。

2 野外観察には現地調査が必須

　野外観察をするときは、必ず事前に教師が現地に行って安全を確認しましょ
う。学校の敷地内の植物がある場所、公園、川、露頭といった場所が考えられ
ます。学校の敷地内や学区内の場合、「よく行く場所だから大丈夫」と思うか
もしれませんが、準備を怠ると事故につながります。知らない間にスズメバチ
が巣を作っていたり、上流の雨が原因で川が増水していたりするなど自然環境
は変化します。どこにどのような危険があるか事前の確認は必須です。

　一度現地調査をした後、さらに観察の前日にも行くと安心です。学校から遠
い場所の場合は難しいかもしれませんが、川や露頭など、現地の人に情報をも
らえるように連絡先を交換しておくことや、河川などライブカメラが設置され
ている場所ならそれを活用することも考えられます。得られた情報をもとに、
どのような危険があるのか事前に同僚の先生方と共有しておくことも大切です。
参加する子どもの数に応じた適切な人数で引率し、誰がどこに立って活動を見
守るのか、緊急のときは誰にどのように連絡するのかを明確にしておきましょう。

　観察当日は、何が起こるかわからないという緊張感をもって引率します。野
外観察は、教室では得られない発見、感動を味わうことができるとても貴重な
機会です。安全に活動することで、その機会を保障していきましょう。

　野外観察については第6章1・2に詳しく解説しています。

3 チームで行う事前の準備

　本節で説明してきた準備について、1人で行うのは大変です。しかも、1人だ
と見逃してしまうこともたくさんあります。そこで、学年に複数の学級がある
場合、学年の先生と一緒に準備するとよいでしょう。単級などの場合は、他の
学年の先生にお願いすることも考えられます。専門性の高い先生と一緒に準備
ができれば視野も広がるでしょう。もし近くにそのような先生がいなかったら、
理科が好きな先生が集まるサークルや研究会に参加するのもよいです。子ども
たちにとって貴重な体験である観察・実験を、当たり前に、より安全に行うた
めに、他の先生方と協力して準備に臨みましょう。

2 ノートやワークシートは思考の軌跡を残すもの

1 黒板を写すのではなく、問題解決の流れに沿って書く
2 コメントを入れ、子どもが自分の考えのよさを自覚できるようにしよう

1 ノートやワークシートは問題解決の流れに沿って

　ノートやワークシートは、黒板に書いてある文字を写すのではなく、自分の思考の流れを書き留めて、整理して次につなげたり、学習を振り返ったりするためのツールとして活用します。そのために、子どもたちが問題解決の流れに沿って書けるように指導していきましょう。

ノートやワークシートの書き方の例

問題
(〜だろうか)

予想
(理由を添えて)

実験方法
(具体的に。何をどのくらい使うかも書けるとよい。)

結果
(数値、見たり触ったりした事実のみ)

考察
(結果から言えること)

結論
(問題に正対するように)

ノートやワークシートは、左ページの図のように見開きで使うと、予想と考察が横に並び、考察のときに自分の予想を振り返りやすくなります。ノートの場合、左ページは書いたけれど実験の日は欠席して右ページは書けていない場合や、結果や考察が多くなり次のページに溢れてしまった場合でも、次の問題解決は1ページ空けて、毎回左ページから「問題」がスタートするようにしましょう。見開きで1つの問題解決を記録していくようにすると、後で見返したときに振り返りがしやすくなります。

```
問題

予想

実験方法

結果

考察

結論
```

ICT端末を活用している場合は、縦に並べた方が収まりがよいときもあります。その場合も、右の図のように書いていけば、問題解決の流れが明確になります。この流れに沿って振り返る時間をとり、子ども自身が問題解決の流れで進めるよさを自覚して書けるようにすることが大切です。

2 教師のコメントで、自分の考えのよさを自覚

子どもが書いた予想や実験方法、考察には、豊かな考えが詰まっています。ノートやワークシートの中には、授業中の発言として表出されなかった素晴らしい考えが埋もれている場合もあります。それを見つけてコメントを入れ、子どもたちが自分の考えたことのよさを自覚できるようにすることが大切です。教師が大切だと見取った部分に線を引いて丸を付けるだけで子どもに返すと、子どもは何がよかったのかわかりません。「何がどのようによくて、それは何につながるのか」が伝わるようにコメントを入れます。例えば、考察の記述に対して「実験結果の数値を比べて、その違いから考えているところがよいです。この方法はこれからの考察でも使えますよ」といったように、具体的に記述していきます。そうすることで、子どもは自分の考えのよさを自覚し、次の学習でも使ってみようと意欲を高めるでしょう。

すべての時間でコメントすることが理想ですが、できる範囲で構いません。子どもたちとのコミュニケーションツールにもなります。

3 板書で問題解決の流れを見せよう

1 板書は問題解決の流れを意識して書こう
2 板書で考えの対立構造を整理しよう
3 結果から何がいえるのか、
　つながりが明確になるように書こう

1 問題解決の流れを意識した板書

　子どもの思考に寄り添った授業をしていくと、子どもたちからは多様な考えが出てきます。それを整理するのが板書の役割です。

　第4章2では、ノートは問題解決の流れに沿って書くことを確認しました。それは板書も同じです。

　右の図のように、左上に問題を書き、右下に結論が来るようにするとノートと同じような形になり、子どもたちも安心して学習を進めることができます。問題解決の流れを構造的に表すことを意識しましょう。

2 考えの対立構造を整理した板書

　予想が対立するような場合は、何が論点になっているのかを明確にする構造的な板書が効果的です。

　例えば、第3学年「磁石の性質」で、磁石に付けた釘が磁石になったのかどうかという問題を見いだしたとします。予想を話し合うと、「磁石パワーをもらった」と表現する子どもがいる一方、「くっつくパワーだけをもらったんだ」という考えをもっている子どももいます。事前に磁石の極について学習していれば、「磁石パワーをもらったのならN極S極があるはずだ」という考えになり

ますが、「くっつくパワーだけをもらった」なら極はなくても説明がつきます。このような話が他の予想も含めてたくさん出てきた場合、聞いているだけでは考えを整理できません。そこで板書の力が発揮されるのです。

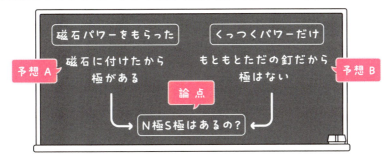

上図のように整理すると、実験方法の発想にも役立ちます。すべての場面でこのような構造が当てはまるわけではないですが、構造を意識して書くことで子どもの問題解決を支援することができます。

3 結果から何がいえるのか、つながりを明確に

ここでは、磁石に付けた釘に方位磁針を近付けること、磁石に付けた釘同士を近付けること、これら2つの方法を発想して実験したとします。その後の考察も構造的に表していくと整理できます。考察は「結果から何がいえるのか」を意識してほしいので、板書でもその点を大切にします。

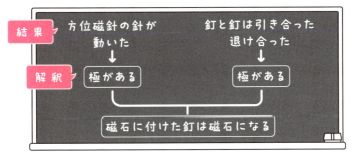

上図のように書けば、「方位磁針の針が動いた」「釘と釘が引き合ったり退け合ったりした」という実験結果からそれぞれ「極がある」といえることがわかります。それをつなげて、「磁石に付けた釘は磁石になる」という結論を示すことができます。このような思考のプロセスを可視化するのも板書の役割です。板書を見返すことで、自分たちが学習してきた軌跡を振り返ることができるのです。

4 机間指導で子ども一人一人を支援しよう

1 子どもの話をよく聞き、ノートの記述を読み解こう
2 事前にノートを読んで準備しよう
3 机間指導が板書計画の再構成や
  話し合い活動の支援につながることもある

1 子どもの話やノートからわかること

「よい授業」とはどのような授業だと思いますか。皆でわいわい盛り上がるのも「よい授業」の一つかもしれません。しかし、大切なのは個人の力を伸ばすことです。学級全体が盛り上がっても一人一人に力が付いていなかったら、それはあまりよい授業とは言えません。

一人一人に力を付けるためには、机間指導が重要です。机間指導で大切なことは、子どもの話をよく聞き、つまずきに寄り添いながら一緒に解決を探る姿勢です。理科の場合、問題を見いだしたり、予想や実験方法を考えたり、結果から考察する場面で、一人で考えてノートなどに書くことがあります。そのとき、何をすればよいのかわからずに困っている子は必ずいます。

例えば、考察を書く場面。学級の多くの子どもが書き始めていても鉛筆が動かない子どもがいたとします。そのとき、あなたはどうしますか？ 席の近くに行って「何か困っている？」と聞くのもよいでしょう。でも、困っている子は自分が何に困っているかわからない場合もあります。そこで、ノートに何か書いてあればそれを読み解きます。考察は何も書いていなかったとしても、実験方法、予想、問題が書いてあるかを確認します。結果の整理ができていて、予想どおりだった場合、「この結果で自分の予想は確かめられた？ 結果からどんなことがいえるのかな？」と聞けば書き始めることができるかもしれま

せん。何も書いていない場合は、「問題を確認しようか」「予想は何だったの？」と、問題解決のスタートから順を追って確認することで一緒に書き進められるようになります。困っていることを見つけ、共に解決していく姿勢で机間指導をしていきましょう。

2 机間指導の事前準備

　机間指導には準備が必要です。先ほど考察の場面での机間指導の例で示したような声かけをするためには、事前に子どものノートを読んでおく必要があります。ノートを集めたときに、この子はどこまでできていて、何ができつつあるのかを名簿などに記録しておきます。そして、支援が必要な子どもにはどのような声をかけるのか、誰から支援していくのかといったように、具体的な計画を立てておきます。教師が子どものノートにコメントを入れておくと、それを読んで改善できる子どももいます。毎回全員分の記録を残すのは時間的に困難です。そこで、まず全員分のノートをさっと見る、必要なことが書けていないなど、気になる子どものノートを分けて置いておく、その中から支援する順番を決めるという方法もあります。

　子どもの指導には時間がかかります。でも、時間をかけた分、子どもは確実に成長します。特に、学年がスタートした4、5月に時間をかけて丁寧に見ていくことで、学年の後半は自立して学習を進めることができるようになっていきます。

3 板書計画の再構成にもつながる机間指導

　一人一人に寄り添う机間指導は子どもにとって大切であるだけではなく、皆の考えを把握して板書計画を立て直したり、話し合いのときに指名する順番を考えたりするなど、教師にとって大切な時間でもあります。

　子どもが書いた予想や考察を読み取ったり、質問して考えを聞いたりしながら、子どもの考えをノートなどにメモしていきます。それと同時に、「この考察、結果をもとにしているし、自分の予想とつなげていてすごくいいね！」といったように具体的に価値付けていくことで、皆に伝えたいという意欲を高めることもできます。発言が苦手な子にとっては、それが自信につながり、発言できるようになることもあります。

　机間指導は、一人一人の力を伸ばすための大切な支援です。教師がしっかり準備をすることが個の支援、個の成長につながります。

5 個々の考えを尊重して話し合いを図ろう

1 ノート指導、板書、机間指導で、皆が同じ土台に立てるようにする
2 予想の場面は「相互理解」、考察の場面は「合意形成」
3 教師のファシリテートによって、子どもたちは話し合い方を身に付ける

1 まずは同じ土台に立つこと

「発表」と「話し合い」は違います。理科では、問題の見いだし、予想、解決方法の発想、考察の場面で「話し合い」が必要になります。話し合うためには誰かが意見を発表しないと始まりませんが、意見がつながらなければ話し合いは成立しません。では、話し合いをするためにはどうすればよいのでしょうか。

まず、心がけたいことは「皆が同じ土台に立つ」ということです。問題を見いだすときは、全員の問題意識を高めるために導入の工夫が必要です。そして、予想や解決方法の発想、考察の場面ではそれぞれ書く時間を確保します。自分の考えがまとまっていない状態で話し合うと他人事になります。そうは言っても、全員が同じ土台に立てないときもあるでしょう。そこで大切なことは、第4章2~4で解説してきたノート指導、構造的な板書、机間指導です。これらの指導を丁寧に行うことで、全員が同じ土台に立てるようにします。そこから話し合いが始まるのです。

2 予想は「相互理解」、考察は「合意形成」

予想や考察を話し合うときには、それぞれの場面で何が大切か、話し合いの方向性を理解しておくことが大切です。予想の場合は、「相互理解」を目指しましょう。実験しないとわからないことが多いので、予想を1つにまとめる必要はありません。お互いの考え方を理解できればよいのです。予想の場面では、自分と同じ予想に理由を付け足したり、自分と違う予想が理解できない場合は

質問したりするという話し合いになります。

　考察の場合は、「合意形成」を目指しましょう。理科では、客観性が大切です。何かの実験をした場合、皆がこれは正確にデータが取れていると認めた結果をもとに、この結果からここまではいってよい、と皆で考えをつくり上げます。この場合は、結果からいえないこと、結果が示していることを超えていることについては修正する必要があります。逆に結果からいえることが足りない場合は、付け足して、よりよい結論にしていく必要があります。

　このような話し合いの方向性は、話し合う前に教師が説明したり、話し合った後に振り返りながら大切なポイントを子どもたちと確認し合ったりして、全員が理解できるようにしていきます。

3　話し合いをファシリテートしよう

　話し合い方への理解を深める上で必要なのが教師のファシリテートです。話がつながらなくなった場面で、ただ「つなげられる人？」と聞いても手が挙がらないかもしれません。例えば、事前にノートなどから見取った情報をもとに、「今の△△さんの意見に〇〇さんの意見はつながると思うけど、どう？」と聞いてみます。話し合った後には、「〇〇さんが意見をつなげたからよい話し合いになったね。それは△△さんが最初に意見を言ったからでもあるね。こうやってつなげていくとよい話し合いができるよね」といったように価値付けをすることがとても大切です。そのような働きかけによって、子どもたちの間に話し合い方が少しずつ浸透していきます。教師が説明しても、実際に話し合うのは子どもたちです。教師は話し合いを進めると同時に、話し合い方も指導していくことが大切なのです。

　話し合いができるようになってきたら、少しずつ教師の出番を減らしていきます。例えば、誰かの意見を他の子どもたちが理解していないような様子を見たら、「どういうことか、もう少し詳しく説明できる？」といった声かけをするだけです。教師は助け船を出すだけで、話し合いは子どもたちの間で広がっていきます。このようなファシリテートを行うには、授業をどう進めるかの準備や、子どもの考えを見取るノート指導、板書計画が大切です。

6 ICT活用で学びの可能性を広げよう

1 ICT端末の撮影・共有機能によって、理科を生活に密着したものにしよう
2 より充実した観察、学習履歴の振り返りのためにICT端末を活用しよう

1 理科を「生活化」するICT端末の効果

　ICT端末によって学びは劇的に変わっています。その中でも影響が大きいのは、理科で学んだことが生活の一部になる「生活化」だと考えています。これまでも単元末などに、学んだことが役立っている生活用品を家で探してくるという課題を出すことなどはありました。それを写真や動画でわかりやすく共有できることが、ICT端末のよさです。子どもたちの視野を広げて新しい発見へとつなげ、日頃から発見を探す姿勢をつくることで、理科が生活の一部になっていくのです。

　例えば、第6学年「生物と環境」の学習後、休日や長期休みなどを活用して見つけた動植物を撮ってくるように促します。子どもたちが、それを授業支援アプリなどで共有すると、環境に合わせた生き方をしている動植物への考えを深めることができます。その視点で自分の学校や家の周囲、通学路を見直すと新しい発見があり、それをまた共有することで、生活の一部になっていくのです。

　また、第5学年「天気の変化」では、天気の変化に雲が関係していることを理解するとともに、空の様子を観察して、その多様さや美しさに触れる場面を設定するとします。放課後の夕焼けなどを撮った写真を共有すれば、空の写真を撮り始める子どもが増えるかもしれません。観察を続けていけば、彩雲やハロなど、レアな現象に出会える可能性もあります。そうなると、さらに関

心を高め、空の観察が生活の一部になっていくのです。

　このように、ICT端末の撮影機能、アプリなどを活用した共有機能を使って、理科を今までよりさらに生活に密着した教科にしていくことができます。

2 より充実した観察、学習履歴の振り返りも可能に

　第4学年「月と星」では、一日の中で月がどのように動くのかを調べる際、学校で観察した後に、家でも観察をするときがあります。そんなとき、手書きの観察記録の場合だと、形や方角が揃わないことがあります。揃わないという経験も大切なので、その後に一度話し合って「皆で同じ時間に家から月の写真を撮ったらわかるのではないか」という意見を引き出し、実際にやってみます。方角の調べ方をしっかり指導しておいて、全員が家に着くタイミングを目安に写真を撮る時間を設定します。その写真を共有すれば、どこから観察しても同じ方角になり、形も同じということがはっきりします。

　他にも、第4学年「季節と生物」では、動物の活動や植物の成長の変化を季節と関係付けて調べていく場面で、多くの写真を撮りためておくことができます。今まではスケッチに時間がかかり、個人の記録はあまり多く残せませんでした。写真を撮るだけなら定点観測を毎日続けることも可能です。それを1年間分並べたら、今まで気が付かなかった小さな変化にも気付くことができ、鋭い観察力が身に付いていくでしょう。

　また、自分の学習履歴を具体的に振り返り、これからの学習や生活につなげていくこともできます。学習支援アプリなどを使えば、ノートに書く内容をテキストとして保存したり、ノートの写真を撮りためたりすることもできます。単元が終わったときに見返せば、学習履歴を具体的に振り返り、自分の成長を実感することができるでしょう。6年間の成長を振り返ることもできます。

　今までも振り返りはしていましたが、記憶には曖昧な部分があるものです。ICT端末には、子どもの学びや成長の軌跡が鮮明に刻まれています。ノートなどの記述、活動の様子、観察したものを写真に残しておけば、記憶も蘇り、より充実した振り返りができます。

　これからもますます発展していくICTを活用することで、学びの可能性はさらに広がるでしょう。しかし、忘れてはいけないのは、理科は自然を対象とした学習であるということです。実物が一番です。実物から得られる情報、その体験を拡張できるICTの活用をこれからも考えていく必要があります。

Column

理科の「個別最適な学び」って何？

　資質・能力を育成するためには、「個別最適な学び」と「協働的な学び」を一体的に充実させることが大切であるといわれています。では、理科における「個別最適な学び」とはどのようなものでしょうか。すぐに思い付くのは、「1人1実験」です。理科は問題解決が肝なので、自分で確かめなければ自分の問題解決になりません。しかし、1人で実験することが「最適」ではないこともあります。火や薬品を使ったり、大型てこで重い物を持ち上げたりする実験は、グループで協力した方がうまくいきます。さらに、1人の実験結果のみで考察してしまったら、理科で大切な再現性や客観性が保障できず、科学的とはいえません。皆の結果をもち寄って、皆で話し合って合意形成していくのが理科の学びです。「個別」に進めていけるようにするのではなく、「個別最適な学びと協働的な学びの一体化」が大切ということです。学習が「孤立化」しないように配慮する必要があります。

　他にも、個別最適な学びの例として、「複線化」というものがあります。例えば、第5学年「振り子の運動」で、「振り子が1往復する時間を変えるにはどうすればよいのだろうか」という問題を見いだしたとします。子どもたちは、重さ、振れ幅、長さ、といった予想をすることが多いです。それを皆で一つ一つ順番に実験していくのではなく、自分が調べたいものから始めるようにします。糸の材質によって変わるかもしれないと考えている子どもがいたら別の材質の糸を用意すると、学習に意欲的に取り組むことができるでしょう。実験を各々が進めても、問題に対する結論を導きだすときには、皆の結果が必要なので、そこは協働的な学びとなります。

　考察が苦手な子どもに机間指導したり、ノートにコメントを入れたりといった個に寄り添った支援も、個別最適な学びにつながります。子ども一人一人にとって「最適」な学びにすることが大切なのです。

第 5 章

理科の学習評価

1 学習評価は何のために行うの?

1 子どもたちがよりよく成長するために必要
2 「学習指導」と「学習評価」は
  カリキュラム・マネジメントの中核
3 「指導と評価の一体化」が大切

1 そもそも「学習評価」って必要なの?

　私たちは出会ったひと・もの・ことに対して、「おいしい」「すごい」「きれい」「上手」「好き」などの感情を抱きます。これは、人それぞれ異なる経験を通して生まれた価値観によって判断している「評価」といえます。したがって、同じものを見ていても、人によって「評価」が異なります。また、人は出会って数秒の間に、相手に対する印象を直感的に形成するといわれています。これも「評価」です。このように、私たちは常に物事のよし悪しを判断し、自分にとって好ましい方向を決定しながら生きています。つまり、評価は、よりよい自分であるために必要なものといえるでしょう。

　本章で考える「学習評価」とは、学習における評価です。学習評価と聞いて、何が頭に浮かぶでしょうか。テストの点数、学期末の通知表、それとも「〇〇さんの考え方が素晴らしいですね」「次はここをがんばるともっといいですよ」などといった、ノート記述への教師のコメントでしょうか。これらは、いずれも「学習評価」です。

　「学習評価」は、教師自身の価値観や直感ではなく、客観的な情報に基づく判断です。子どもたち一人一人が、教師によってほめられたり励まされたりする中で、自分自身の学習状況を把握し、さらに成長していこうとするための糧となるものです。つまり、子どもたちがよりよく成長するために必要なものであり、教師が担う重要な営みなのです。

2 カリキュラム・マネジメントの中核的な役割として

「学習評価」は「学習指導」との両輪で進める必要があります。私たち教師は、まず、学習指導要領に沿って、子どもや地域の実態を踏まえながら教育課程を編成します。次に、指導計画に基づいて学習指導（授業）を行います。そして、子どもの学習状況を評価し、その結果を子どもの学習改善や教師による授業改善、学校全体としての教育課程の改善などに生かします。どうしてこのようなことを行うのでしょうか。

それは、教育活動の質の向上を図るためです。教師がいくら「この方法がいい」と思っていたとしても、実際に子どもの資質・能力が育成されなければ、その方法は改善すべきです。「学習指導」と「学習評価」は学校の教育活動の根幹に当たります。学校全体で計画的に行い、教育活動の質の向上を図るカリキュラム・マネジメントの中核的な役割を担っているのです。

3 「指導と評価の一体化」を実現することが大切

もうお気付きだと思いますが、「学習評価」は、子どもたちがよりよく成長するためだけに必要なものではありません。教師の指導をよりよくするためにも必要なものなのです。

教師が「あなたはよくできています」「あなたはもう少しがんばりましょう」と、子どもやその保護者に学習状況を伝えるだけでは学習評価とは言えません。子どもたちの学習の成果が素晴らしい場合は、何が効果的だったのかを見つめ、子どもをほめて価値付けます。そうでない場合は、よくなかった要因は何かを考えます。そして、資質・能力を子どもたちが身に付けるために必要な指導や手立てなどについて考え、次の時間の学習で説明を補足したり、再度、挑戦する場を設定したり、次の単元で重点的に取り組んだりします。つまり、子どもの事実を誠実に見取り、授業がよりよくなるよう常に工夫、改善するのです。

このことを「指導と評価の一体化」といいます。この考え方を理解し、「学習評価」を子どもの学習改善と教師の授業改善につながるものとして実現していくことが大切なのです。

2 「評価規準」って何?

1 「評価規準」は、目標の実現状況を判断するためのよりどころ
2 学習状況を分析的にとらえる「観点別学習状況の評価」と、それらを総括的にとらえる「評定」がある
3 感性や思いやりなどは「個人内評価」として伝えよう

1 目標の実現状況を判断するためのよりどころ

「子どもの事実を教師が誠実に見取る」と言っても、何をよりどころとして見取ればいいのでしょうか。教師の価値観や直感だけでは、学習評価とはいえません。学習状況を分析的にとらえ、目標を達成したかどうかを見取るためには、よりどころとなる「ものさし」が必要となります。それが「評価規準」です。

学習指導要領において、各教科の目標及び内容が、育成を目指す資質・能力の3つの柱（「知識及び技能」、「思考力、判断力、表現力等」、「学びに向かう力、人間性等」）に沿って再整理され、各教科でどのような資質・能力

の育成を目指すのかが明確になりました。私たち教師はこれらの資質・能力をバランスよく育成していく必要があります。そのため、各教科、各学年における目標を達成したかどうかを「評価規準」を作成して評価します。つまり「評価規準」は、学習指導要領に示された目標の実現状況を判断するよりどころなのです。

2 「観点別学習状況の評価」と「評定」

子どもの学習状況を複数の観点ごとに分析する「観点別学習状況の評価」と、これらを総括的にとらえる「評定」の両方について、目標に準拠した評価とし

て各教科で実施するよう定められています。「観点別学習状況の評価」は、観点ごとに「評価規準」を作成して、的確に行うことができます。各教科の目標や内容の再整理を踏まえて、以前の4観点から3観点に整理されました。

「観点別学習状況の評価」は、各教科の目標に照らして、その実現状況を観点ごとに「『十分満足できる』状況と判断されるもの：A」「『おおむね満足できる』状況と判断されるもの：B」「『努力を要する』状況と判断されるもの：C」のように表します。これは、全学年で実施します。

一方、「評定」は、第3学年以上で実施します。各教科の目標に照らして、その実現状況を「『十分満足できる』状況と判断されるもの：3」「『おおむね満足できる』状況と判断されるもの：2」「『努力を要する』状況と判断されるもの：1」のように表します。「観点別学習状況」の観点は、「評定」を行う際の基本的な要素となります。

3 感性や思いやりは「個人内評価」として価値付け

「観点別学習状況の評価」や「評定」には示しきれない、子ども一人一人のよさや可能性、進歩の状況などは「個人内評価」として表します。「学びに向かう力、人間性等」の中の感性や思いやりなどに関することは、「個人内評価」として積極的に伝えることが大切です。

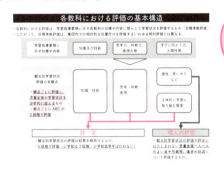

例えば、授業中の仲間を思いやる行動や発言に対して「〇〇さん、さすがだね」と声をかけたり、ノートや通知表で「〇〇さんの優しさに感心しました」とコメントしたりするなど、適切なタイミングで子どもに伝えましょう。子どものよさや成長を価値付けると、子どもの自信につながります。

＊図はすべて国立教育政策研究所『「指導と評価の一体化」のための学習評価に関する参考資料　小学校理科』（2020 東洋館出版社）を引用・改変

「指導に生かす評価」と「記録に残す評価」はどう違う?

1 「指導に生かす評価」は日々の授業改善に生かす
2 「記録に残す評価」は毎時間ではなく、原則として単元や題材などの内容や時間のまとまりごとに行う
3 「記録に残す評価」を行う場面を精選しよう

1 「指導に生かす評価」は日々の授業改善に生かす評価

　学習評価については、日々の授業の中で、子どもの学習状況を適宜見取り、指導の改善に生かすことに重点を置くことが大切です。

　例えば、はじめて顕微鏡の使い方について学ぶとき、子どもたちがうまく操作できているかどうか、一人一人の様子を観察するはずです。うまくできていればほめて価値付けます。その中で、うまくできずに困っている子どもを見つけることもあります。いわゆる「指導を要する状況」にある子どもです。指導を要する子どもがどのくらいいるか、教師の説明に不足な点はないか、子どもたちがうまく操作するために必要な声かけは何か、もう一度全員に説明し直すべきか、個別の指導を重ねるべきかなどを即座に考え、次の手立てを打ちます。このように、子どもの学習状況を適宜見取った上で、指導の改善に生かすことが「指導に生かす評価」です。

2 「記録に残す評価」は内容や時間のまとまりごとに行う評価

　「指導に生かす評価」に重点を置いた評価活動をしていく中で、毎時間、全員の評価を記録に残すことは現実的ではありません。よって、毎時間ではなく、原則として単元や題材などの内容や時間のまとまりごとに、それぞれの実現状況を把握できる段階で、「記録に残す評価」を行うようにします。

　例えば、顕微鏡の例であれば、はじめて操作する段階で「この子はB、この子はC」と判断して記録に残してもよいのでしょうか。子どもからすれば「先生、

もうちょっとしっかり教えてよ」「もっとできるようになってから判断してよ」と言いたくなるでしょう。「記録に残す評価」は、十分に指導した上で行うべきです。

　つまり、子どもは指導されたことが身に付いているかどうかを評価され、教師は指導すべきことを指導した上で評価するのです。子どもにとっても教師にとっても納得感のある評価といえるでしょう。だからこそ、いつ、どのような方法で「記録に残す評価」を取るかについて、評価計画を立てる必要があります。これを「評価場面の精選」といいます。子ども全員の学習状況を記録に残す場面を精選し、かつ適切に評価するための評価計画が一層重要になります。

3 「評価場面の精選」が大切

　右は、国立教育政策研究所『「指導と評価の一体化」のための学習評価に関する参考資料　小学校理科』事例2の評価計画です。事例2では、第4学年「電流の働き」における「知識・技能」のうち「技能」の評価が示されています。第4時では、第3時で学んだ検流計を正しく使うことができているか、わかりやすく記録しているか、学習状況を確認しています。その後、指導を要する状況を確認し、再度指導した上で、第6・7時で「記録に残す評価」を行っています。つまり、毎時間、すべての観点を評価しているわけではなく、評価場面を精選して行っているのです。

時間	ねらい・学習活動	重点	記録	備考
1・2	○乾電池でモーターを回して、動くおもちゃを作り、気付いたことについて話し合う中で、問題を見いだす。 ○既習の内容や生活経験を基に、電流が回路の中をどのように流れているのかについて予想し、実験計画を立てる。	思	○	思考・判断・表現①／【記述分析・発言分析】
3	○回路を流れる電流の大きさを計る。 ○電気用図記号と回路図の表し方を知り回路図に表す。	知		知識・技能②／【行動観察・記録分析】
4	○乾電池1個を使い、電流の大きさや向きを調べ、記録する。 ○「電流は回路の中をどのように流れているのだろうか」についての結論を導きだす。	知 思	○	知識・技能②／【行動観察・記録分析・相互評価】 ・電流の大きさや向きについて、検流計などを正しく扱いながら調べ、それらの過程や得られた結果を分かりやすく記録しているかを確認する。 思考・判断・表現②／【記述分析・発言分析】
5	問題：モーターをもっと速く回すためには、どうすればよいのだろうか。 ○既習の内容や生活経験を基に予想し、実験計画を立てる。	思	○	思考・判断・表現①／【記述分析・発言分析】
6	○乾電池2個を使い、それぞれが予想したつなぎ方について、モーターでプロペラを回したときの風の強さと電流の大きさを調べる。 ○「直列つなぎ」「並列つなぎ」の言葉を知り、それぞれの特徴を捉える。 結論：モーターをもっと速く回すためには、かん電池の個数を増やし、直列つなぎにするとよい。	知 態	○	知識・技能②／【行動観察・記録分析・相互評価】 ・電流の大きさについて、検流計などを正しく扱いながら調べ、それらの過程や得られた結果を分かりやすく記録しているかを評価する。 主体的に学習に取り組む態度①／【行動観察・発言分析】
7	○直列つなぎ、並列つなぎと乾電池1個を外した時の、豆電球の明るさ、電流の大きさを調べる。	知	○	知識・技能②／【行動観察・記録分析・相互評価】 ・電流の大きさについて、検流計などを正しく扱いながら調べ、それらの過程や得られた結果を分かりやすく記録しているかを評価する。
8・9	○学んだことを基に、電流の働きを生かしたものづくりの計画を立てる。 ○電流の働きを生かしたものづくりに取り組む。	知 態	○ ○	知識・技能①／【記述分析・作品分析】 主体的に学習に取り組む態度②／【記述分析・作品分析】
10	○学んだことを基に、「理科まとめ」（科学館の人になったつもりで、科学館に遊びに来た1年生に、「電流の働き」がよく分かるように、絵や図、言葉を使ってまとめる）を作成する。	知	○	知識・技能①／【記述分析】

第5章　理科の学習評価

91

4 「知識・技能」で評価したい子どもの姿とは?

1 「知識・技能」では、「生きて働く力」を見取ろう
2 「知識」は、「事実的な知識」と「知識の概念的な理解」の2つの側面から
3 「技能」は、器具や機器の「操作」と結果の「記録」から

1 「生きて働く力」

「知識及び技能」では「何を理解しているか、何ができるか」が大切です。「知識・技能」の観点では、それが子どもにとって「生きて働く力」として習得できているのかを見取り、子どもに伝える必要があります。理科では「自然の事物・現象についての性質や規則性などについて理解しているとともに、器具や機器などを目的に応じて工夫して扱いながら観察、実験などを行い、それらの過程や得られた結果を適切に記録している」かどうかについて評価します。

2 「知識」は「事実的な知識」と「知識の概念的な理解」から

「事実的な知識」を習得している子どもの姿

「事実的な知識」は「水、水蒸気」などの科学的な用語や「沸騰、蒸発」などの科学的な概念のことです。例えば「これは何ですか」「この現象を何といいますか」などと問い、正しく答えられるかを、ノート記述やペーパーテストなどから見取ります。

「知識の概念的な理解」をしている子どもの姿

「知識の概念的な理解」とは、「閉じ込めた空気は圧し縮められるが、水は圧し縮められない」というようなことです。すなわち、学んだことを他の学習や生活の場面でも活用できるかを見取ります。例えば、第4学年「空気と水の性質」の単元終末時に、空気入りの風船と水入りの風船を、

空気だけが入ったピストンの中に入れて圧すとどうなるのかについて考えます。するとA児は、右の記述のように、学んだことを活用し、自分の予想を立てました。これは、概念的な理解をしている子どもの姿といえるでしょう。知識は「事実的な知識」と「知識の概念的な理解」の両方を、バランスよく見取ることが大切です。

3 「技能」は器具や機器の「操作」と結果の「記録」から

器具や機器を正しく操作している子どもの姿

「技能」は、器具の操作など学習場面における行動観察だけではなく、ノートなどの記録からも学習状況を見取るようにします。例えば、第3学年「物と重さ」では、電子天秤の使い方を新しく学びます。右の図のように、F児は、天秤の置き方、物の載せ方を正しく行い、記録も数値的に正しいので、その評価を子どもに伝えます。

「分かりやすく」「適切に」記録している子どもの姿

第3・4学年は「分かりやすく記録する」、第5・6学年は「適切に記録する」ことが求められています。結果の「記録」は、考察の根拠となる大切な事実です。時間が経っても、誰が見ても、どのような実験を行い、どのような結果を得ることができたかがわかる記録にすることが大切です。下の記録は、第6学年「水溶液の性質」において、K児が実験を行い、考察の根拠となる必要十分な情報を記録したものです。このような記録を、3年生からすぐにできるわけではありません。はじめは教師が方法を示し、次に一緒に考えながら記録します。そして、できるようになったことを認めながら、徐々に子どもたちに委ねていきます。第3・4学年でわかりやすく記録する術を身に付けておくことで、K児のように、内容に応じて記録の仕方を自ら選択、工夫し、適切に記録する力が育まれます。

5 「思考・判断・表現」で評価したい子どもの姿とは?

1 「思考・判断・表現」では、「未知の状況にも対応できる力」を見取ろう
2 各学年で主に目指す「問題解決の力」を発揮している子どもの姿を中心に見取る

1 「未知の状況にも対応できる力」

「思考力、判断力、表現力等」では「理解していること・できることをどう使うか」が大切です。「思考・判断・表現」の観点では、それが子どもにとって「未知の状況にも対応できる力」として育成されているかを見取り、子どもに伝える必要があります。理科では「自然の事物・現象から問題を見いだし、見通しをもって観察、実験などを行い、得られた結果を基に考察し、それらを表現するなどして問題解決している」かどうかについて評価します。

2 「問題解決の力」を発揮している子どもの姿を中心に

理科では、各学年において、主として育成を目指す力の具体についても示されています。自然事象について追究する中で育みたい「問題解決の力」です。「主として」とあるように、対象の学年だけでなく、他の学年においても、発達の段階や学習状況に合わせながら大切に育みます。

第3学年:差異点や共通点をもとに、問題を見いだす力

問題を見いだす際には、差異点や共通点をもとにすることが大切です。そこで、「比較する」考え方を働かせるように工夫します。例えば、第3学年「物と重さ」の学習では右のような写真を提示し、次に手応えで重さの違いを感じ取る場をもつようにします。すると、「変わらない」「軽くなっている」などと、感じ方にズレが生じます。形を変

える前と変えた後の重さの違いに目を向け、「形を変えると重さは変わるのだろうか」という問題を見いだします。このように、差異点や共通点をもとに、問題を見いだす子どもの姿を見取り、評価します。

第4学年：既習の内容や生活経験をもとに、根拠のある予想や仮説を発想する力

根拠のある予想や仮説を発想するには、目の前の自然事象と、既習の内容や生活経験とを結び付けることが大切です。そこで、「関係付け」の考え方を働かせることができるよう、単元導入時にそれぞれの経験を出し合ったり、共通体験を行

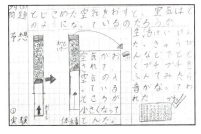

ったりする場をもつようにします。右の記述は、第4学年「空気と水の性質」でのY児の予想です。空気でっぽうの共通体験での気付きと自分の生活経験を根拠とした予想を見取ることができます。

第5学年：予想や仮説をもとに、解決の方法を発想する力

解決の方法を発想するには、予想や仮説をもとに、どのように検証すれば正しい結果を導きだすことができるのか考えます。そこで、「条件制御」の考え方を働かせることができるよう、

調べたいことの一つ一つに対して「変える条件」と「変えない条件」を考える場をもつようにします。右の記述は、第5学年「電流がつくる磁力」でのS児の計画です。電磁石をクリップに付ける時間や付け方にまで目を向け、実験を計画していることを見取ることができます。

第6学年：より妥当な考えをつくりだす力

「より妥当な考えをつくりだす」とは、自分の既有の考えを検討し、より科学的なものに変容させていくことです。そこで、「多面的に考える」ことができるよう、複数の方法で実験を行い、多くの実験結果をもとに考察する場をもつようにします。右の記述は、第6学年「水溶液の性質」でのS児の考察です。他のグループにも目を向けながら、複数の実験結果をもとに考察していることを見取ることができます。

6 「主体的に学習に取り組む態度」で評価したい子どもの姿とは?

1 「主体的に学習に取り組む態度」では、「学びを人生や社会に生かそうとする力」を見取ろう
2 「粘り強く」「他者と関わりながら」「生活に生かそうとしている」の3つの側面から

1 「学びを人生や社会に生かそうとする力」

「学びに向かう力、人間性等」では「どのように社会・世界と関わり、よりよい人生を送るか」が大切です。「主体的に学習に取り組む態度」の観点では、それが子どもにとって「学びを人生や社会に生かそうとする力」として涵養されているかを見取り、子どもに伝える必要があります。理科では「自然の事物・現象に進んで関わり、粘り強く、他者と関わりながら問題解決しようとしているとともに、学んだことを学習や生活に生かそうとしている」かどうかについて評価します。

ちなみに、知識及び技能は「習得」、思考力、判断力、表現力等は「育成」、学びに向かう力、人間性等は「涵養」という言葉を用いていることに気付きましたか? 「涵養」は、徐々に養い育てることを意味します。つまり、すぐに評価できる力ではないということです。したがって、「主体的に学習に取り組む態度」の評価は、一つの単元の中であれば比較的後半部分で「記録に残す評価」を行うよう計画します。また、複数の単元の中で子どもの姿を見取る場合もあります。「単元を越えた長期的な視点での評価」を行うということです。

2 「粘り強く」「他者と関わりながら」「生活に生かそうとしている」の3つの側面から

粘り強く問題解決している子どもの姿

「粘り強く」は、5・6年生に求める姿です。自然事象に進んで関わり、粘り

強く問題解決している子どもの姿を生み出すためには、学習環境を整えることが大切です。例えば、第5学年「動物の誕生」では、1人1ペットボトル水槽でメダカを飼育し、命が動く瞬間をとらえることができるよう、教室内に顕微鏡を設置しました。また、「植物の発芽、成長、結実」では、1人2鉢を用意し、学級全体で調べたい条件のうちの1つを、一人一人が責任をもって調べ、後に結果を共有する「ジグソー法」で学習しました。写真はK児の様子と記述です。成長の過程を見つめ、常に変化をとらえようとする姿を見取ることができます。

他者と関わりながら問題解決している姿

問題を科学的に解決するためには、他者と共に試行錯誤しながら、事実を根拠として合意形成する必要があります。つまり、協働的に学びを深めてこそ科学的となるのです。だからこそ、

自分の学びの状況を振り返ったり、仲間の意見を踏まえて自分の考えを明確にしたりすることが大切です。右上の記述は、第6学年S児の予想です。友というマークから、友達の意見を取り入れながら予想を明確にしようとしている姿を見取ることができます。

学んだことを学習や生活に生かそうとしている子どもの姿

理科では、問題解決の後に、再び自然や日常生活を見直すことが大切です。そうすることで、子ども自身が、理科を学ぶ意義や有用性を認識することにつながります。例えば、単元終末時に研究者などになりきってまとめると、子どもたちは生き生きと取り組みます。右の記述から、第5学年A児が「観光協会会長」になりきり、学んだことを生かしたアスレチックパーク案を作成したことを見取ることができます。

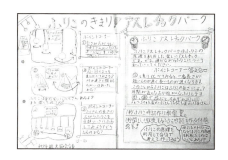

7 子どもの記述や行動をどう見取ればいい?

1 「評価規準」と「評価基準」の両方で見取ろう
2 子どもの記述や行動をこまめに見取り、記録していくことが大切

1 「評価規準」とともに「評価基準」も設定

「評価規準」と「評価基準」、一体何がどう違うのでしょうか。どちらも、「きじゅん」ですが、「規準:のりじゅん」、「基準:もとじゅん」と区別して読むこともあります。授業を行うとき、まずは単元目標を立てます。次に、その目標を達成したかどうかを評価するためのよりどころとして、「評価規準」を作成します。第5章2で述べた「観点別学習状況の評価」のことです。そして、それらを達成するために、さらに具体的な段階を設定します。子どものどのような姿が見られれば「おおむね満足できる状況(B)」と判断するのか、また、何をもって「十分満足できる状況(A)」と判断するのかということです。

【例】第4学年「金属、水、空気と温度」思考・判断・表現
〈評価規準〉金属の性質について、観察・実験などを行い、得られた結果をもとに考察し、表現するなどして問題解決している。
〈評価基準〉

十分満足できる(A)	おおむね満足できる(B)	努力を要する(C)と判断した子どもへの具体的な手立て
金属棒の結果、金属板の結果を記述し、かつ、それらの結果をもとに、自分なりの解釈を記述することができていることに加え、予想にも立ち返り、問題解決全体を通して、記述することができている。	金属棒の結果、金属板の結果を記述し、かつ、それらの結果をもとに、自分なりの解釈を記述することができている。	・本実験で得られた結果は何かを、一緒に確認する場をもつようにする。 ・これまでの学習に立ち返り、結果と解釈の違いについて整理する場をもつようにする。

子どもの学習到達度を段階的に設定したもの、これが「評価基準」です。このような子どもを見取る際の主なポイントを教師が明確にもっていなければ、たとえ目の前の子どもが素晴らしい姿を見せていたとしても、見逃してしまうでしょう。また、もし子どもや保護者から「すごくがんばったのに、どうして

Bなのですか？」「どうしたらAになるのですか？」などと問われた場合、明確に答えられないようでは信頼を失ってしまいます。「〇〇さんは〜をよくがんばっていましたね。でも、〜の部分をもっと〜にすると、さらにいいですね」と、分析的に見取ったポイントを明確に伝えると、子どもも保護者も納得し、さらに、次がんばる方向性をしっかりもつことができます。つまり、「評価規準」は何をどのような観点で評価するのか、「評価基準」はどの程度できていればよいのかを示したものなのです。「評価規準」とともに「評価基準」も設定して、子どもの姿を見取ることが大切です。

　ここで一つ気を付けたいことがあります。教師には、ついA基準の子どもの姿を追い求めすぎてしまうところがあります。すると、いつのまにかA基準がB基準になってしまうのです。評価規準をおおむね満たしている状態であるB基準をまずは目指すこと、そしてB基準に到達していない子どもへの手立てや支援を欠かさないことを忘れないでください。「指導と評価の一体化」を図っていくことが、学習評価の大切な考え方です。

2 こまめに見取り、子どもの姿を記録することが大切

座席表や児童名簿を活用する

　日々、こまめに見取り続けるためには、評価規準に即して、子ども一人一人の学習状況や次時に必要な支援の記録などを、座席表や児童名簿に記録していくとよいでしょう。

子どもがノートに記述する時間を十分確保する

　授業中にすべての子どもたちの学習状況を見取るのは難しいです。学習後にじっくり見取ることができるよう、子どもがノートに記述する時間を十分に確保し、評価の根拠となる材料をしっかり残していくことが大切です。

	名前	6/3 第1時 思	6/5 第2時 知・技	6/7 第3時 思	6/10 第4時 知・技
1			◯	B	A 記録適切
2		◯	A 根拠2つ		B
3		A 根拠なし		B	B

子どもの学びの様子を写真に残す

　はじめのうちは撮影が難しいかもしれませんが、「評価基準」を明確にもっていると、「この姿！」と逃さず撮影することができるようになります。これは、子どもを見取る目を養うためにもかなり効果的な方法の一つです。いつもポケットにデジカメを入れておくことをおすすめします。

Column

「自然を愛する心情」を どう評価する？

「自然を愛する心情」は、「生物を愛護しようとする態度」や「生命を尊重しようとする態度」のことを指しています。また、自然環境と人間との共生の手立てを考えることや、実験などを通して自然の秩序や規則性などに気付くことも「自然を愛する心情」を育むことにつながります。理科で大切に育みたい心情です。しかし、「心情」であるがゆえに目標に準拠した評価にはなじみません。子どものよさや可能性、進歩の状況などを把握する「個人内評価」として見取り、子どもの行動や発言、記述などを積極的に価値付け、教師の声かけやノートへのコメント、通知表などで伝えるようにします。

例えば、第5学年「動物の誕生」において、1人1ペットボトル水槽でメダカを飼育した際、写真のU児の観察記録には丁寧なスケッチとともに命に対する心情が綴られていたため、価値付けました。

また、第6学年「土地のつくりと変化」において、単元終末時のまとめの際、S児は中央に「自然と共存する」と記しました。学んだことを踏まえて、自然を見直そうしていることがわかります。右下には「私たちのくらしは、自然にいつも支えてもらっています。そして、経験をいかして対策することもできるのです」と綴られています。学習の前後で自然の見え方が変わった姿であるととらえ、S児のまとめ方や考え方を、学級全体に向けて価値付けました。

第 6 章

理科の校外学習

1 野外観察で心がけたいこと

1 周囲の環境との「関わり合い」がわかるのが野外観察のよさ
2 教師は地域の野外観察会に参加して、ヒントを集めよう
3 安全のためにガイド付きの下見がおすすめ

1 室内での観察では得られない野外観察のよさとは

　野外へ出かけて観察することのよさは、その観察対象が周囲の自然とどのように関わり合いながら存在しているのかを観察できることにあります。もちろん室内での観察にもよさはあります。例えば、モンシロチョウの幼虫ならば、子どもは成虫になるまでの過程をじっくりと観察することができるでしょう。しかし、モンシロチョウが実際に存在する環境から切り離されているので、自然との関わり合いという観点からの学びの広がりは乏しいものになります。

　大切なことは、子どもが室内での観察・実験と野外観察のそれぞれで学んだことを生かして、さらに深い学びへと進めるようにすることです。野外でモンシロチョウのすみかを観察することで、成長に必要な食物を考え、それを生かしながら飼育、観察を行う。理科室での流水のモデル実験から流れる水の働きを考え、それを生かしながら実際の川の様子や流域の地形を観察する。このように、飼育や栽培、モデル実験などの観察を通した学びとのつながりを考えて、効果的な野外観察を計画、実施していくとよいでしょう。

2 地域の野外観察会はヒントの宝庫

　野外には観察対象以外にも、子どもたちの好奇心を掻き立てるような多くの自然事象が見られます。引率をしている先生方は、子どもたちから多くの「なぜ？　どうして？」を投げかけられることでしょう。こうした疑問にすべて答えなければならないわけではありません。子どもと一緒に考えればよいのです

（第7章Q1参照）。その際に、できれば子どもの探究の扉を開くような言葉を返してあげられるとさらによいでしょう。

　そのためにも、地域の教育研究会や科学館、青少年自然の家などの各種団体で催されている野外観察会に参加することをおすすめします。ガイドの方は野外観察のスペシャリストです。ここで知り得た情報をスケッチブックなどに整理しておくと、子どもと野外観察に出かけた際に活用できます。また、参加者の中で、ずっと植物を観察して歩いていたり、崖や岩石があると近付いて観察していたりする人を見つけたら、「何を見ているのですか？」と尋ねてみましょう。野外観察を楽しむ多様な観点や情報が得られるかもしれません。

3　安全に野外観察を行うために

　安全に野外観察を行うためには、あらゆる事態を想定しながら計画し、事前に子どもに指導する必要があります。野外観察の経験が浅かったり、授業で利用したことのない場所だったりする場合は、特にガイド付きでの下見がおすすめです。

安全な野外観察のためのチェックリスト

項目	内容
事前調査 実施計画	□現地での下見（ガイド付きが望ましい）　□利用ルール等の確認 □活動場所の設定、目的地への移動方法　□トイレと休憩場所の確認 □危険箇所と危険生物の確認　□想定される災害と避難場所・方法 □最寄りの医療機関の連絡先、移動方法、移動時間の確認 □事故発生時の職員対応フローの作成 □医薬品やその他携帯行品の選定 □中止等の判断基準の設定　□当日までの天候等確認 □土地所有者や管理者等への承諾の有無　□保険加入の確認 □活動グループと引率者の動きの確認　　　　　　　　　　　など
事前指導	□活動の目的と内容　□持ち物、服装　□活動場所の紹介 □危険箇所や危険生物の紹介と安全対策の確認 □活動グループの動きの確認 □ケガや事故が発生した際の対処方法の確認 □想定される災害と避難場所・方法　□救命具の装着訓練 □禁止事項や環境保全についてのルールの確認　　　　　　など
現地指導	□活動場所、救護場所の確認　□集合時刻と場所の確認 □トイレ、休憩場所、避難場所の確認 □危険箇所や危険生物の再確認 □禁止事項や環境保全についてのルールの再確認 □児童の健康状態の確認　□活動グループの人数や動きの監視　など
事後指導 計画反省	□活動の振り返り（目的の達成度、安全面への配慮） □次回の野外観察へ向けた改善点の整理　　　　　　　　　　など

第6章　理科の校外学習

2 野外で事故が起きてしまったらどうする？

1 事故発生時の現場職員対応フローに沿って、子どもの安全確保を最優先に、組織的に行動しよう
2 日頃から事故対応マニュアルの見直しをして、事故直後以外の対応も把握しよう

1 対応フローに沿って、子どもの安全確保を最優先

　野外観察中に事故が発生した場合、迅速かつ適切な行動が求められます。引率の職員が連携して、迅速かつ適切な行動をとるためには、事前調査（下見など）を通して、あらゆる事故を想定しておくだけではなく、対応フローを作成し、具体的な対応を訓練しておく必要があります。

　事故発生直後、はじめに行うべきことは、子どもたちの安全確保です。引率責任者の指揮のもと、対応フローに沿って行動します。傷病者や要救助者以外の子どもたちがいることも忘れてはいけません。引率者全員が傷病者や要救助者にかかりきりになるのではなく、二次的な事故の発生を防ぐためにも、その他の子どもたちの安全確保も行いましょう。消防や警察の出動要請は躊躇なく行うようにします。また、引率責任者は、学校へ事故発生の連絡を入れ、支援要請も行います。引率責任者は、現場での指示が最優先ですが、事故対策本部とも連携を図りながら対応に当たります。

2 事故対応マニュアルの見直しを

　事故発生直後の対応以外にも、事故後のメンタルケア、保護者への対応、再発防止策の策定など、事故対応の内容は多岐にわたります。文部科学省や教育委員会からの資料（例えば、文部科学省「学校事故対応に関する指針（令和6年3月改訂版）」）を参考にしながら、学校の事故対応マニュアルの見直し及び周知を日頃から行っておくようにしましょう。

事故発生時の現場職員対応フローの作成例

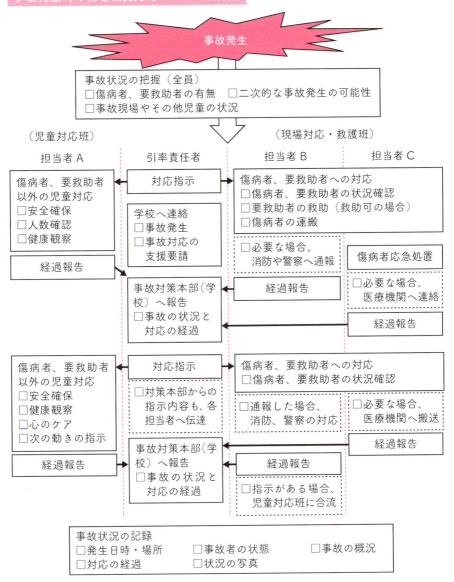

3 家庭での観察で気を付けたいこと

1 身の回りの自然を観察しようとする態度を育てよう
2 子どもが事故やトラブルに合わないために、危険なことは事前に指導しておこう

1 身の回りの自然を観察しようとする態度

　生命・地球領域では、多くの観察が行われます。理科の教科書には、全国的に観察できるものが多く掲載されますが、私たちの暮らしている地域には、その地域特有の生態系や地形、気象などが存在しています。こうした地域特有の自然を観察することは、対象へのより深い理解を促すと考えられます。

　そこで、観察を伴う授業では、教科書に載っているものを観察させて終わりにするのではなく、「自分たちが生活している身の回りの自然はどうなっているのだろう」という子どもたちの興味を喚起し、放課後や休日に自発的に観察しようとする態度を育ててほしいと思います。

2 危険なことは事前に指導

　子どもたちの自発的な観察は喜ばしいことですが、ケガがなく、安全に観察ができることが最優先事項です。学校での観察と家庭での観察との一番の違いは、当たり前のことですが教師が近くにいないことです。子どもたちだけで観察に出かけた結果、事故やトラブルに遭遇したということがあってはなりません。想定される事故やトラブルを次ページの表に整理しました。表中でリスク別に低・中・高に分けていますが、いずれにしても、授業で注意点を指導しておきましょう。また、レベル中及び高の中には、屋外に出る活動が含まれるため、保護者にも学級通信でお知らせするなど、周知をしておきましょう。

危険度別の観察の事例及び想定される事故やトラブルの例

	観察の事例	想定される事故やトラブル
低リスク	観察するものや場所にほとんど危険がなく、安全に行える。 ○栽培しているアサガオの観察 ○屋内からの雲や月の観察	・双眼鏡の使用やカメラでの撮影による近隣トラブル
中リスク	まわりの状況やルールに気を付けて、安全に行う必要がある。 ○公園にすむ生物の観察 ○雨の日の水たまりの観察	・カメラでの撮影による近隣トラブル ・動植物の勝手な採集 ・交通事故
高リスク	事前の準備や対策をしたうえで、大人と一緒に行う必要がある。 ○野山にすむ生物の観察 ○川岸や崖の観察 ○夜間屋外での月や星の観察	・私有地や立ち入り禁止区への侵入 ・不安定な地形での転倒 ・周辺の天候悪化による河川の増水 ・夜間時の視界不良 ・動植物によるケガ

　低リスクの観察は、観察場所として、屋内もしくは家の近くで行うことが可能なものが該当します。観察可能な事象は限られますが、安全に行うことができるところが利点です。

　中リスクの観察は、家から少し離れているものの、安全面で整備がされており、人目も多い公園などが該当します。小動物の様子、樹木や草花の変化を比較的安全に観察することができます。ただし、公園のルールや公共のマナーを守ること、道路に面している場合は交通安全を心がけることなどは、話しておくとよいでしょう。

　高リスクの観察は、森林、河川、海といったあまり整備されていない自然環境での観察や、夜間屋外での観察が該当します。これらについては、必ず大人と一緒に計画を立ててから臨むように指導しましょう。

4 科学館や博物館などと連携しよう

1 過去の事例を参考に、できそうなことから実践
2 ICTを活用して、遠方の科学館などともつながろう
3 地域社会の人や団体などと積極的に連携し、オリジナルの授業づくりを

1 まずはできそうなことから

　科学館や博物館と連携することで、教材や教具など、学校では限界のある学習環境を超えて、子どもたちに豊かな学びを提供することができます。科学館や博物館など学校外の教育的施設と連携することの重要性は周知の事実です。各自治体の教育委員会には、過去の実践が蓄積されていたり、連携先と内容のリストが作成されていたりするはずです。まずは、こうした情報にアクセスして、できそうなことから実践してみるとよいでしょう。

2 ICTを活用して

　科学館や博物館との連携は、必ずしも現地まで行かないとできないわけではありません。施設によっては、教材の貸出やオンラインによる出前授業を行っている場合があります。特に、オンラインによる出前授業については、GIGAスクール構想によって、より行いやすい環境になっています。例えば、科学館から地層の剥ぎ取り標本を借り、オンラインで科学館の職員から説明を受けるなど、実際に出かけることが難しい遠方の施設とつながり、その資料や環境を生かすことも可能です。

　こうした学びを実現するために、教師に求められる能力は、学びをデザインする力です。すなわち、子どもがより豊かに学ぶためにどうするかという視点から、教室での学習内容と科学館などでの学習内容を調整し、授業をデザインしていくことが求められます。科学館などの展示や説明の内容は、科学的な概

念や領域に基づいてわかりやすくカテゴリー分けされてはいますが、ねらいとする理科の学習内容を超えているものも数多くあります。事前の調査はもちろんのこと、担当者とも打ち合わせを行い、取り扱う内容を決めておきましょう。

3 地域社会との幅広い連携

　教育現場では、「社会に開かれた教育課程」や「地域学校協働活動」といった言葉を耳にすることが多くなってきました。これらは文字どおり、学校と地域社会との連携を通して、子どもを取り巻く教育環境を拡大するとともに、充実を図っていくことをねらいとしています。科学館や博物館と連携した実践はこれまでも行われてきましたが、これからはより連携先の範囲を広げ、新たな授業をつくっていくことが求められています。したがって、教師は既存の実践事例をなぞった授業を行うだけではなく、これまで関わりの少なかった地域社会の人や団体、企業などを巻き込んだオリジナルの授業づくりを目指していくことも大切です。

　例えば、第6学年「電気の利用」では、家電量販店と連携して、電気の性質や働きを利用した道具等について学ぶ授業をつくったり、第5学年「流れる水の働きと土地の変化」では、河川管理事務所と連携して、地域の治水対策について学ぶ授業をつくったりする事例が考えられます。

　大切なことは、理科の学習内容や方法に関する専門性をもっている人や団体、企業等を教育の充実のためのリソースととらえて、積極的に連携を試みることです。最近では、企業による教育CSR（教育に関する社会貢献活動）も、より盛んになってきています。企業のホームページやプレスリリースなどを確認してみて、CSRに関する情報があれば、連携を試みましょう。

　実際に授業をつくっていく段階では、事前の打ち合わせで次の①～⑥の内容を決めていくことになります。

①授業の目的（理科の目的だけではなく地域連携の目的もあるとよい）
②日時・場所・授業形態（対面orオンラインなど）
③単元計画及び授業展開　④授業中の役割分担　⑤評価
⑥学習成果の公開（企業のホームページ掲載やプレスリリースの予定確認）

　地域社会と連携したオリジナルの授業は、子どもの学びを豊かにするだけでなく、その学校独自の教育実践としての大きな価値をもちます。これまでにない授業を生み出すつもりで挑戦してみてください。

5 授業の学びを家庭学習につなげよう

1 授業で学んだ内容を生活場面に適用させる課題を出そう
2 授業で学んだ問題解決の方法を生かして、子ども自身で問題解決に取り組む課題を出そう

1 授業で学んだ内容を生活場面に適用

　理科の学習で取り扱う内容は、自然事象です。学習した内容が日常の生活場面や身の回りの環境とどのように関連しているかを調べることが、家庭学習の内容の一つとして考えられます。

　例えば、第3学年「身の回りの生物」を学習した後に、家の近くの公園などで生き物探しをする課題が設定できます。他にも、第6学年「てこの規則性」を学習した後、家庭にある道具の中から、てこの原理を利用したものを探す課題が設定できます。第4章6で述べたように、ICT端末を活用することで家庭学習の成果も共有しやすくなります。

　子どもがこうした課題に取り組むことは、単に知識の定着を促すだけでなく、理科が生活に役立つという意識を高めることにもつながります。学習内容を生活場面などに適用させる課題は、短時間で取り組めるものもあるので、平日の家庭学習の課題として出してみるとよいでしょう。

2 学習した問題解決の方法を生かして子ども自身で問題解決

　これまでの各章でも述べられているとおり、理科では、自然事象についての仕組みやきまりといった内容を理解するだけではなく、自分で問題解決を進めていける能力の育成も目指しています。

　したがって、子どもが問題解決の方法を学べるような課題を家庭学習として出すことも効果的であると考えます。こうした課題について、いくつかの事例

を紹介しましょう。

> 事例1：「比較、分類」に関する課題
>
> 課　題：「野菜の仲間分けをしよう」
>
> 内　容：「ニンジン・大根・ピーマン・キャベツ・トマト・キュウリ・白菜」
> 　　　　を仲間分けします。どんな仲間分けができるかな？

「比較、分類」とは、理科で働かせる考え方の一つです。「比べる、仲間分け」と言えば、子どもたちにもわかりやすいでしょう。何かを比べたり、仲間分けをしたりするときには、基準や視点といったものが大切です。例えば、「色」という視点で仲間分けをするならば、赤系：トマト・ニンジン、緑系：ピーマン・キュウリ……といった仲間分けができますし、「食べるところ」という視点で仲間分けするならば、根：ニンジン・大根、実：ピーマン・トマト……といった仲間分けができます。子どもがこうした課題に取り組むことで、比較、分類するために必要な基準や視点を設定する力の育成を目指しています。

> 事例2：「発展的な問題解決」に取り組む課題
>
> 課　題：事前の学習内容「ホウセンカには、全体へ水を届ける通り道がある」
> 　　　　「A問題：セロリには、全体へ水を届ける通り道があるのだろうか」
> 　　　　「B問題：ホウセンカは、一日にどのくらい水を吸うのだろうか」
> 　　　　「C問題：どのようにして水は下の根から上の葉まで届くのだろうか」
>
> 内　容：A〜C問題の中から選んで、取り組もう。

　子どもたちの問題解決の力を育成するに当たっての最終目標は、子どもが自分自身の力で問題解決を進めていけるようにすることです。そこで、学習内容の発展的な問題解決に取り組む課題を家庭学習として出してみましょう。

　A問題は、ホウセンカを使って学習した内容がセロリでも当てはまるのかを考える問題です。問題解決の手順は、授業で行った手順とほぼ変わらず行えます。B問題は、学習したことを数値化してさらに詳しく調べる問題です。手順が変わるため、A問題より難易度が上がります。C問題は、水が下から上にあがる仕組みについて、その要因（毛細管現象など）を考える問題なので、とても難しいです。このように、難易度の異なる複数の問題を設定し、子どもが選択できるようにしておくとよいでしょう。難易度が高かったり、時間がかかったりする問題解決は、夏休みの自由研究のテーマとすることも考えられます。子ども一人一人に合わせて、無理のない課題から始めてみましょう。

第6章　理科の校外学習

自由研究はどう指導すればいい？

　自由研究は、子どもが自分の知的好奇心に応じて、自由に探究活動を進められるというメリットがあります。しかし、いきなり自由研究の課題を出してもうまくいかないことがほとんどです。何をテーマにするのか決められない子どもや、研究内容の難しさから途中で投げ出してしまう子どもが出てくることでしょう。また、夏休みは教師による支援がより難しく、子どもは夏休み中、苦しむことになります。子どもがこうした状況に陥り、自由研究に対してネガティブな印象をもたないようにするためにも、「活動の見通し」を明確にもてているのかを把握し、必要であればゴールまでの計画を一緒に立てるといった丁寧な支援を行いましょう。次のような支援の手順が考えられます。

① **研究の領域を決める**
　理科に限らず、興味・関心のある内容についてリストアップする。

② **知っていることを整理する**
　興味・関心のある内容について、子ども自身が知っていることを説明し、よくわからないことやさらに知りたいことを整理する。

③ **研究の方向性を決める**
　子どもが夏休みに取り組むのなら、次のような方向性がおすすめ。
・知っているが確かめたことのない内容を確かめる
・知っていることを生かして、ものづくりや身の回りの調査をする
・複数の植物や動物を観察して、共通性や多様性を見つける
・書籍や文献を参考にして、追調査などを行う

④ **研究の手順を考える**
　調査手順だけではなく、結果をどう整理するのかまで考える。日頃の理科の授業で身に付けてきたことと結び付ける。

　子どもが自由研究を通して達成感を得るために何が必要か、教師自身も見通しをもって支援を行っていきましょう。

第 7 章

Q & A

Q1 子どもに難しいことを聞かれたらどうする?

1　子どもと一緒に考える
2　子どもにどう考えるのか聞く

　理科指導法の講座を受講している学生に対して、理科授業についてのアンケートをとったところ、「小学校で理科の授業を行うことに不安があるか」という問いに、9割の学生が「不安がある」と答えました。さらに、「どのような不安があるか」を問うと、回答の第1位が「難しい質問をされたら答えられる自信がないので、理科の授業が心配です」というものでした。

　確かに、文系の学生にとっても、経験の浅い先生方にとっても、理科は難しいというイメージが先にあるのかもしれません。でも、心配しないでください。「子どもに難しいことを聞かれたとき」に私たちが答えることは、「なるほど、いい質問だね。一緒に考えようか（調べようか）」と、「なるほどね。あなたはどう考えるの？」のどちらかです。答えるのではなく聞き返すのだと、学生たちに伝えると、皆、なるほどと安心するようです。

　難しいことを聞かれたらどうしようという心配は、子どもに聞かれたら、教師は答えなければならないという責任感が、心の中にあるからではないでしょうか。でも、考えてみてください。理科は、考えることを大切にする教科です。簡単に答えが手に入るようではいけません。

　私は理系の出身ですが、植物や昆虫の名前をたくさん知っているわけでも、星座の名前に詳しいわけでもありません。でも、興味はあるので、「わあ、面白い虫だね。名前を一緒に調べてみようよ」と答えてきました。難しい機械の仕組みなどもわかりませんが、「あなたは、どう考えるの？」と問い返してきました。たいてい興味がある子どもは自分なりに考えるので、その考えを感心しながら聞いて、「面白いね。一緒に調べてみよう」と答えました。「どうして？」と問われたら、「どうしてだと思う？」と問い返すのが、理科授業の心得です。

子どもが自分で問題を見いだせるようにするには？

  比較して、違いを見つけやすい状況を準備することが大切

　子どもが問題を見いだせるようにするには、まず、その状況をつくることが大切です。事象を比べることで、差異点や共通点を見つけていきます。その違いはどのようにして生じたのか、何から生じているのか、その違いの要因に目が向くような状況にしていくことが大切です。

　第4学年「自然の中の水のすがた」（水の三態）を例にしてみましょう。運動場の朝礼台の上にある水たまりの写真を見せた後、皆で朝礼台を見に行きます。そこには水たまりがまったくありません。そこで教師は同じアングルで写真を撮ってから教室に戻り、2枚の写真を比べます。

　その2枚の写真を使うと、時間の経過によって起こる変化を比較することができます。すなわち経時による比較です。このとき実は、いくつかの工夫をしています。1つは、写真にしてしっかりと比べる状況をつくることです。経時変化による比較の場合、目の前に2つの事象が並んでいるわけではないので、比べやすく工夫する必要があります。2つめは、子どもたちが焦点化できるようにするということです。写真を同じアングルから撮っているため、他のことに目が向きにくく、起きた変化に着目しやすいのです。

　もちろん、写真だけで比べてはいません。現地に行って、皆で状況を確認しています。実物から学ぶこと、そしてその実物に起こる変化に目を向けられるようになることが大切です。皆で現地に行き、そこで写真を撮ったというのも工夫の一つといえるでしょう。

　子どもたちから「水が乾いたんじゃない？」「傾きがあって移動したのでは？」といった予想や仮説につながりそうな気付きが先に出てくることもあります。そんなときにも落ち着いて、どうしてその言葉が出てきたのかを尋ねてみましょう。その子は2枚の写真を比べて、差異点や共通点を見いだしているはずです。何について考えているのかを問いかけると、朝礼台の水たまりがなくなっていることを話すでしょう。もう問題を見いだそうとしていますね。

3 教科書どおりに実験しないといけない？

 「教科書どおり」よりも子どもの思いに寄り添うことが大切

　教科書に載っている実験方法はよく考えられていて、日本全国の多くの人が安全に実験できるように工夫されています。しかし、目の前の子どもたちに合っているかどうかはわかりません。教科書どおりに行うこと以上に大切なことは、「子どもの思いに寄り添う」ことです。

　例えば、5年生では植物の発芽の条件を調べます。種子が発芽するためには温度が関係するか調べる場面があります。教科書では、常温（その時の教室などの周りの温度）と冷蔵庫の温度（4℃〜6℃程度）で実験しています。でも、子どもたちは「教室より温かい温度だと発芽しないのかな」と考えるかもしれません。その予想を確かめるために、温度を高く保つ保温庫というものがあります。これがあれば温度を40度や50度に保つことができます。教科書には載っていませんが、実現可能な実験です。

　他にも、例えば6年生では、水溶液には金属を変化させるものがあることを学習します。このときに扱うのが塩酸とアルミニウムや鉄です。多くの教科書では、試験管を複数用意して、塩酸の中にアルミニウムと鉄をそれぞれ入れて溶ける様子を観察します。溶けた後、塩酸を蒸発させて元の金属なのかどうか調べます。あなたの学級の子どもたちは、鉄とアルミニウム2つの金属について同じ時間に実験して考察することは可能でしょうか？　子どもによっては、情報量が多くなり、考察できなくなるかもしれません。そんなときは、まずどちらか一方の金属から実験するという方法もあります。一方がわかったら「他の金属だったらどうなるかな？」という疑問をもつ子どももいます。それを取り上げて学習を進め、子どもの思いに寄り添いながら、もう一方の実験もしていきます。「教科書どおり」よりも、「子どもの思い」を中心に理科の学習を進めていくことが大切です。

　教育センターなどで教科書を見比べてみると、目の前の子どもたちに合ったものが見つかるかもしれません。安全に配慮しながら、子どもの思いに寄り添った理科授業を展開しましょう。

Q4 キット教材を使うと、学びが深まらないこともある?

A 子どもには必要な部品だけをその都度渡そう できるだけシンプルなキットがおすすめ!

　キット教材を使ったことがありますか? キット教材は、1人1実験で取り組みたい場合にはとても便利なものです。また、学習後に持ち帰ることができるため、子どもたちも喜びます。中には、家でもう一度実験したという子どもや、長い間大切にしているという子どももいるようです。

　その一方で、いくつか気になる点もあります。例えば、キット教材には、学習に関係するものがすべて入っていて、わかりやすい説明書も付いています。だからこそ、届いたまま子どもたちに手渡してしまうと、せっかく自分たちで問題を見いだし、検証方法を立案してきた過程が、ないがしろにされてしまうこともあります。これでは、理科の学びは深まりません。そこで、教師の一工夫が必要となるわけです。子どもたちに手渡す際には、必ず箱から必要な部品だけを取り出し、必要なタイミングで、その部品だけを手渡します。

手間だと思うかもしれませんが、このひと手間が、子どもの学びを深め、キット教材のよさを2倍、3倍にするために必要なことなのです。

　また、キット教材を使うと、個々のペースになりがちという点も懸念されます。キット教材によっては、面白く、かっこいいものづくりを目指した商品もあります。その分、子どもたちは夢中になりすぎたり、もしくは複雑すぎるためにうまくできなかったりして、活動が個々のペースになってしまうのです。だからこそ、得意な子どもが困っている友達に進んで教えようとする姿も見られます。これは喜ばしいことです。しかし、理科で目指したいものづくりは、目の前のものの仕組みと学習したことがどのように関係しているのかがわかるものづくり、学んだことを生かせるものづくりであるべきです。この場合、年度はじめにキット教材を選ぶ際、できるだけシンプルなものを選ぶようにします。そうすることで、子どもたちの学びがブレることなく、学びに生かせる、学びを生かす、キット教材を用いたものづくりができるはずです。

117

Q5 グループ実験で、見ているだけの子どもが出ないようにするには？

意識の転換を図り、授業スタイルや実験用具数を工夫しよう

このような悩みをもつということは、一人一人の学習の様子をよく見ているからこそであり、素晴らしいことです。

生活科では個々に栽培活動をしたり、調べ活動をしたり、ものづくりをしたりしているのに、理科の実験では「道具が少ないからグループでやるもの」と決めてしまっている状況はありがちです。

見るだけの子どもを減らすには、「理科では、1人で実験する力を身に付けることがとても大切」というように、教師と子どもが共に意識転換を図り、授業スタイルや実験用具数を見直していく必要があります。

例えば、「算数で誰かに計算してとは頼まないよね。理科でも一人一人が実験できる力を身に付けることが、とても大切だよ」などと伝え、一人一人が実験できることを目指して、次のように授業スタイルを変えるとよいでしょう。

【第5学年「植物の発芽、成長」】
① 全員が共通実験を行って実験方法を身に付け、条件を変えた比較実験をグループ内で分担して個々に1実験行い、合計で1人が2実験を行うようにする。

【顕微鏡の使い方】
① 顕微鏡の使い方の手順を書きながら頭に入れ、プレパラート2枚を2人組で実操作しながら手順を覚える。
　※操作役と点検役を交代し、3人の場合は読み役などを加える。
② 観察スケッチは、撮影した写真をグループで共有し、個別にかく。

【気体検知管の使い方】
① 気体検知管の使い方を、教科書を斉読しながら理解する。
② 使う検知管ごとに分担を決め、実操作をしながら調べる。
　（酸素：Aさん、薄いCO_2：Bさん、濃いCO_2：Cさん、点検：Dさん）
　※実操作の順番は、実験好きな子や得意な子を後にするとよい。
　※次の単元では、Bさんから分担をスタートする。

6 結果と結論が同じになってもいいの?

 結果はあくまでデータ、そこに意味を見いだしたものが結論

　結果と結論を混同してしまうことはよくあります。実験や観察の結果が出た時点で子どもたちが「もうわかった!」「問題が解決した」と言って、そのまま結論を書こうとする場面も多く見かけます。わかりやすくするために、次のように考えてはどうでしょうか。

　結果は数値やスケッチ、もしかしたら写真や動画かもしれません。人によって多少の違いがあっても、同じ実験や観察をしたメンバーから、全く違うものが出てくることは、ほとんどありません。その場に10人いたら、10人が同じように結果を伝えるでしょう。

　では、考察はどうでしょうか。同じ結果をもとにしていても、予想も違えば論理も違います。これまで学んできたことと結び付ける子どももいれば、これからやってみたいこととつなげながら考察する子もいるかもしれません。10人いたら10人がそれぞれ結果を解釈し、考察するでしょう。

　まさに十人十色の考察を経て、結論があります。結論を導きだすときには、それぞれの考察をもとに、問題に正対した結論としていえることは何か、いい過ぎていることはないかを吟味していきます。十人十色の解釈をもとにしながら、この問題の結論としてふさわしいものを導きだしていくのです。結果とは違い、結論には子どもたちの解釈が入ります。

　結果と結論が混同していると感じるときは、結果に解釈が入っている可能性が高いです。結果をより結果らしく、測定した数値、もしくはその映像や画像だけにして、子どもたちの解釈を入れないようにしましょう。このようにして、結果とは何かを子どもたちが理解できるようにしていきます。

　そうはいっても、結果を言葉でまとめようとするときには、解釈が入りやすくなります。結果と結論が同じようなものになること自体が悪いのではなく、結果の意味や結論の意味を理解できずに混同することに問題があります。子どもたちと共に、結果と結論それぞれの役割は何かについて考える機会をつくるようにしてみましょう。

生物教材がない、育たない……どうする?

 飼育・栽培計画や事前準備をしっかり進め、代替方法も想定しよう

　このような事態を避けるには、担当学年が明確になった時点で、昨年度までの教材の取り扱いを把握して、栽培・飼育計画を立てることが大切です。

　加えて、学校として、前年度のうちに学校やその周辺の樹木や植物、昆虫等の生息場所の把握や、観察環境の整備、飼育用具・栽培用資材の事前準備を行っておく必要があります。

　たとえ困難を避けられそうにない場合にも、安易に映像資料の利用に流れず、観察・実験を大切にした代替方法を考えましょう。

【困ったときの対応例】
① 第3学年「身の回りの生物（昆虫の育ち方）」：モンシロチョウが教科書に掲載されていたが、花壇にキャベツを植えていなかった。
　→観察対象をアゲハチョウやカイコなどに変更して、モンシロチョウの資料と比較しながら学習を進める。
② 第4学年「季節と生物」：教科書の観察対象の桜が校庭にない。
　→開花や結実、紅葉など四季の変化が明確な樹木（モミジ、フジ、果樹など）を観察対象にする。
③ 第5学年「動物の誕生」：メダカを購入し、卵の中の変化を観察しようとしたが、十分に成熟していないので、産卵しそうにない。
　→卵を業者から購入し観察する。前年から飼育しておく。
　→他単元を先に学習し、卵の観察を夏休み直前に行う。
④ 第6学年「植物の養分と水の通り道」：葉に日光が当たるとでんぷんができることをジャガイモで調べようと考えていたが、葉が黄色く枯れてきてしまった。
　→他学年が栽培しているトマトやサツマイモなどを使って調べる。
　→夏休み中に秋植えジャガイモの種芋を植え、実験を晩秋に行う。

Q8 天気や月、星などの授業日が都合よく晴れない……どうする?

時間割の入れ替えや2単元の並行など、柔軟な対応が大切!

　天気に左右されて授業が予定どおり進まないことはよくあります。そんなときに大切なのが、その日の時間割や一週間の予定を柔軟に組んでおくことです。例えば、4年生と6年生では月を観察します。それぞれ学習のねらいは違いますが、学校にいる時間に皆で月を見る必要があります。朝は曇りや雨でも時々晴れるかもしれないという日なら、「一日のうちのどこかで月を見る時間をとる」という予定にして、天気が回復してきたら理科に切り替えます。一日中雨が降るような日の場合は、一週間のうちの別の日と入れ替えることもできます。

　しかし、柔軟な予定が組めない状況もあります。そのようなときは、2単元を並行して扱うことも考えられます。例えば、第5学年「天気の変化」では、雲がほとんどない晴天続きだと雲の動きや天気の変化を観察することができません。そこで、植物の発芽、成長について調べる学習と並行して進めます。種子が発芽するまでは数日かかるので、その間、植物の発芽の学習は進められません。一週間に3回ある理科の時間を、そのときの状況に応じて天気と発芽で使い分けるということです。ただ、子どもの問題意識が続かないということが考えられるので、板書の写真を撮っておいて掲示するなど、学習履歴を残しておく必要があります。

　また、家庭学習とつなげるという方法もあります。下校後や理科の授業がない日が観察に適した天気だった場合、ICT端末を活用して写真や動画を撮ってくることを宿題にします。理科の授業がなかった日の放課後に撮った雲の写真や動画を、次の日の授業で共有しながら進めることができます。

　どうしても予定どおり進まずに、Web上にある動画コンテンツを利用することもあると思います。その場合、それを視聴しただけで終わりにするのではなく、必ず皆で観察する時間を確保するとよいです。動画では伝わらない、実物を観察するよさがあります。雲の動き、月、星などの美しさは、実物を見るからこそ感じ取ることができるでしょう。

Q9 塩酸などの薬品の準備と処理はどうしたらいい?

事前準備と予備実験が肝!
薬品処理はルールを守り、子どもにも適切に指導しよう

　実験で薬品を利用するときには、事前準備が特に大切です。必要な時期の1か月以上前に、必要な薬品の保管残量、購入時期を目視で確認し、必要量を購入、確保しておきます。

　そして、1週間程度前には、利用する濃度に合わせて必要量を希釈し、予備実験を行って、実験に適する状況であるか確認します。特に、アンモニアや塩酸等の揮発性のある薬品は、原液の保管時間とともに揮発して薄くなっていることもあるので、予備実験による確認や再調整などが必要です。希釈した薬品を入れた容器に、薬品名・濃度・年月日を明示し、事故防止に努めます。

　希釈した状況で購入可能な薬品もあります。予備実験や納入時間を考慮して、早めに適正濃度のものを必要量で準備するよう心がけましょう。

　薬品処理に当たっては、教師が視野を広げ、学校の下水処理の状況を把握し、市町村教育委員会の廃液や不要薬品の処理ルールなどを理解しておく必要があります。なぜなら、不適切に流しに捨てた廃液や多量の薬品が、学校の浄化槽や地域の下水処理場の機能を低下させたり、地域の河川の生態系に影響を与えたりする危険性もあるからです。

　その確認を行った上で、子どもたちには、理科室の流し台が下水道を通して自然環境につながっていることなどを指導して、授業で使用した薬品を含む液体は流し台に捨てずに、分別回収する習慣を付けるようにします。

　そして、教師は、実験後に分別回収した廃液を準備室で液性別に保管し、適切な処理をしてから処分するようにします。

　小学校理科で使用する薬品や廃液は濃度も薄いため、量が多くない場合は、中和して大量の水で薄めれば下水に流しても違法ではありません。

　しかし、金属を含むものや濃度が濃いもの、引火性のあるものや多量の不要薬品などは、教師が学校で無理な処理をしようとせずに、処理ルールに沿って、教材購入業者や薬品取扱業者に処理を依頼するとよいでしょう。

Q10 障害や発達に課題のある子どもと一緒に観察・実験をするには?

子どもの特性や思いを把握し、個に応じた学習プランを立てよう

　障害や発達に課題のある子どもと一緒に観察や実験を行うためには、子ども一人一人の特性や思いを理解し、個別の学習プランを立てることが重要です。

　はじめに、事前に作成されている個別の教育指導(支援)計画を確認し、学校生活全体において、どのような支援を行っているのかを把握します。その上で、具体的な目標を設定します。ここでいう目標とは、教科内容に関する目標だけではなく、例えば、集団の中でのコミュニケーションを学ぶといったような目標など、個に応じた目標を新たに設定することも含みます。

　目標を設定したら、その目標を達成するためのステップを考えていきます。ここでのステップは、特別支援コーディネーターに相談したり、個別の教育指導(支援)計画を参考にしたりして決めるようにしましょう。

　やってはいけないことは、「〇〇の障害があるから」といって、自分の知識だけでステップを決めてしまうことです。こうして決めたステップや支援方法は、子どもに合わないばかりか、その子どもの心を傷付けてしまう可能性もあります。余計な支援をしすぎることも問題です。支援の有無や程度について、普段から行っている支援方法を生かすことで、子どもが混乱しないように心がけましょう。

　観察や実験では、安全面でどのような事故が起こる危険性があるかを入念に想定しておきます。

　例えば、車いすを利用している子どもは、薬品などが飛び散った際に、その場所からすぐに動けないことが想定されます。また、音や光、触覚に対する感受性に配慮が必要な子どもの場合は、実験中にどのようなことが起きるのかを事前に伝えておく必要があります。観察や実験において、安全が確保できないと判断した場合は無理をせず、サポートの教員を付けられないか相談するなど、万全の態勢を組むようにしましょう。

　しっかりと学習プランを組むことで、誰一人取り残されずに観察や実験に参加できることを目指します。

おわりに

「これから授業づくりを始める先生たちに、私たちは何を伝えてきたのか」

ある会議からの帰り道、駅のホームで電車を待ちながら、八嶋先生とそのような話になりました。学習内容を分析し、教材を追究し、子どもの理解について考え、その時々で、全力で理科授業に向き合ってきました。しかし、それは目の前にいる子どもたちのためであり、新たな授業を生み出すためでもありました。

同僚や研究会の仲間たちとは一緒に研究を高め合ってきましたが、後進の先生方に向けてはどうでしょうか。私たちが追究してきたことをしっかりと伝えられているのでしょうか。そのような反省とともに、これから理科の授業を行う先生や理科を学ぶ子どもたちに、共に学ぶことの喜びや魅力を感じてほしいという思いを胸に、八嶋先生の呼びかけのもと、授業研究を深めてきた仲間と共に本書をつくりました。章ごとに執筆者それぞれの個性が表れているものの、理科の授業の楽しさを子どもにも先生にも味わってほしいという思いは同じです。

先日、欧州での授業研究会に参加しました。言葉も文化も違う先生たちが、日本で見た授業研究に感銘を受け、自国に取り入れるために始めた研究会です。筑波大学附属小学校の教諭数名で参加し、現地の先生を交えながら、目の前で授業と協議会を行いました。現地の先生からの質問も飛び交い、熱心な討議が行われ、会場には熱気が漂っていました。なぜ日本の授業研究にここまでの注目が集まるのでしょうか。それは、子どもたちに血の通った良質な授業を届ける先生を一人でも増やしたいという思いがあるからではないでしょうか。それだけ、日本の先生たちの授業への向上心や熱意、目の前の子どもたちを満足させたいという気持ちは尊いものなのだと改めて感じました。

はじめて理科の授業を行う先生には、まずは本書に書いてあるとおりに授業づくりや評価を行うことをおすすめします。そして、次第に慣れてき

たら、先生自身の味付けをプラスして、理科の授業を更新していってください。目の前の子どもたち、先生自身の個性、学校や地域の特徴などを生かしながら授業づくりを行う楽しさを味わってもらうことが、私たちの願いです。

「不易と流行」と言われますが、理科の授業づくりを行う上で大切にしたいことを「不易」として本書に詰め込みました。その場やその時に応じて踏まえねばならない「流行」を編み込みながら、最新の理科授業をつくっていただきたいです。本書が、授業を磨くための一助となれば幸いです。

　理科を楽しみにしている子どもたちは大勢います。理科の魅力の一つは、目の前の自然事象が結果を示すことでしょう。その結果を読み取りながら、みんなで結論をつくっていく。誰の目から見ても、何度やっても、誰がやっても同じようになるという結果をもとに、結論という形で共通理解を図っていくのです。ここでは、みんなが自然事象と向き合うことで同じ思いになれます。だからこそ先生も子どもたちと一緒に不思議に思ったり、驚いたり、悔しがったり、目を輝かせたりしながら、自然事象から学ぶ姿を子どもたちに見せてほしいのです。そして、先生にとっても理科が楽しみな授業の一つになることを願ってやみません。

　本書の刊行にあたり、東洋館出版社の上野絵美様にはたくさんのご支援、ご協力を賜りました。この場を借りて御礼を申し上げます。ありがとうございました。

2025年1月
筑波大学附属小学校　辻　健

編著者紹介

＊所属は2024年12月現在

八嶋真理子（やしま まりこ） 第1章／第7章1

玉川大学教師教育リサーチセンター客員教授
横浜国立大学教育学部生物学科を卒業後、横浜市の小学校教諭、指導主事、副校長、校長を歴任。その間、横浜国立大学名誉教授 森本信也先生に師事し、子どもの科学概念の変容と理科授業のデザインについて研究。2017年より現職。子どもの科学の芽を温かな眼差しで受け入れ、育てることのできる教員の育成に力を注いでいる。日本理科教育学会フェロー、『理科の教育』編集委員。小学校学習指導要領解説理科編作成協力者（平成20及び29年）。主な著書に『小学校指導法　理科』（分担執筆、2021、玉川大学出版部）『理科の授業で大切なこと』（分担執筆、2022）『これからの理科教育はどうあるべきか』（分担執筆、2023）（いずれも東洋館出版社）などがある。

辻　健（つじ たけし） 第3章／第7章2・6

筑波大学附属小学校理科教育研究部教諭
1973年福岡県生まれ。横浜国立大学教育学部にて修士を取得。横浜市の小学校に勤務した17年間、一貫して理科授業の研究に取り組む。2015年より現職。日本初等理科教育研究会役員、日本理科教育学会『理科の教育』編集委員、NHK「5分でわかる理科」「ツクランカー」「ふしぎエンドレス」番組制作委員を務める。Facebookグループ「F・Rika」主宰。Podcast「おしゃべりな理科」配信。主な著書に『理科は教材研究がすべて』（共著、2021）『イラスト図解ですっきりわかる理科 授業づくり編』（共著、2022）『理科でつくるウェルビーイング』（共著、2023）（すべて東洋館出版社）などがある。

執筆者一覧

酒井浩明 第2章／第7章5・7・9

玉川大学教師教育リサーチセンター客員教授
神奈川県横浜市立小学校理科支援員
1961年神奈川県生まれ。横浜市立小学校教諭、副校長、首席指導主事、校長・市小学校理科研究会長、理科支援員を経て2023年より兼職。横浜版学習指導要領理科編3部作、小中学校理科 安全な観察・実験指導の手引き（市教委編）、令和2年度版小学校理科指導・評価計画事例集（市研究会編）の編集統括を務め、実践単元等も執筆掲載。

境　孝 第4章／第7章3・8

神奈川県横浜市立立野小学校教諭
2006年、初任校の横浜市立井土ヶ谷小学校で理科教育の楽しさを知る。社会科の研究をしていたが、「30にして立つ」の言葉に動かされて理科の研究に没頭。2021年ソニー子ども科学教育プログラム最優秀賞を受賞。2023年全小理全国大会の授業校として研究成果を発信した。現在、生活単元・生活科・理科の研究をしながら、若手育成にも力を入れている。趣味は美術館巡りやアート鑑賞。

下吉美香 第5章／第7章4

兵庫県神戸市立雲中小学校主幹教諭
2005年より神戸市公立小学校に勤務。2006年からの9年間は神戸大学附属小学校に勤務し、子どもたちの可能性に衝撃を受け、以後、理科の授業研究に邁進中。2021年全小理兵庫大会にて研究提案。日本理科教育学会『理科の教育』編集委員。主な著書に『板書で見る全単元・全時間の授業のすべて　小学校理科6年』（分担執筆、2020、東洋館出版社）がある。

松尾健一 第6章／第7章10

長崎県諫早市立真崎小学校教諭
修士（教育学）。2012年より横浜市公立小学校教諭。市小学校理科研究会部会長、市学力・学習状況調査作問委員、指導主事等を務める。2024年より長崎県公立小学校教諭。主な著書に『小学校新学習指導要領の展開　理科編』（分担執筆、2017、明治図書）『深い理解を生み出す理科授業とその評価』（分担執筆、2018、学校図書）などがある。

カスタマーレビュー募集

本書をお読みになった感想を下記サイトにお寄せください。レビューいただいた方には特典がございます。

https://www.toyokan.co.jp/products/5778

LINE 公式アカウント

LINE登録すると最新刊のご連絡を、さらにサイトと連携されるとお得な情報を定期的にご案内しています。

はじめての理科

2025（令和7）年3月21日　初版第1刷発行

編著者　　八嶋真理子・辻　健
発行者　　錦織圭之介
発行所　　株式会社東洋館出版社
　　　　　〒101-0054　東京都千代田区神田錦町2丁目9番1号コンフォール安田ビル2階
　　　　　営業部　電話 03-6778-4343　FAX 03-5281-8091
　　　　　編集部　電話 03-6778-7278　FAX 03-5281-8092
　　　　　振　替　00180-7-96823
　　　　　URL　　https://www.toyokan.co.jp

装丁・本文デザイン：mika
キャラクターイラスト：藤原なおこ
印刷・製本：藤原印刷株式会社

ISBN 978-4-491-05778-1
Printed in Japan

JCOPY　〈（社）出版者著作権管理機構　委託出版物〉

本書の無断複写は著作権法上での例外を除き禁じられています。
複写される場合は、そのつど事前に、（社）出版者著作権管理機構
（電話 03-5244-5088　FAX 03-5244-5089　e-mail: info@jcopy.or.jp）の許諾を得てください。

授業づくりの基礎・基本をぎゅっとまとめた
「はじめて」シリーズ！

はじめての国語
茅野政徳・櫛谷孝徳 著

はじめての社会
宗實直樹 著

はじめての算数
森本隆史 編著

はじめての理科
八嶋真理子・辻 健 編著

はじめての図工
岡田京子 著

はじめての体育
齋藤直人 著

はじめての英語
江尻寛正 編著

はじめての道徳
永田繁雄・浅見哲也 編著

不安な教科・苦手な教科も これ1冊あれば安心！